U0928136

珍藏本
纪念版

汉译世界学术名著丛书

阿克洛夫、斯彭斯和斯蒂格利茨论文精选

乔治·阿克洛夫
〔美〕迈克尔·斯彭斯 著
约瑟夫·斯蒂格利茨

谢康 乌家培 编

2017年·北京

汉译世界学术名著丛书
（120年纪念版·珍藏本）
出 版 说 明

2017年2月11日，商务印书馆迎来120岁的生日。120年前，商务印书馆前贤怀揣文化救国的理想，抱持“昌明教育，开启民智”的使命，立足本土，放眼寰宇，以出版为津梁，沟通中西，为中国、为世界提供最富智慧的思想文化成果。无论世事白云苍狗，潮流左右激荡，甚至战火硝烟弥漫，始终践行学术报国之志，无改初心。

迻译世界各国学术名著，即其一端。早在20世纪初年便出版《原富》《天演论》等影响至今的代表性著作，1950年代后更致力于外国哲学和社会科学经典的译介，及至1980年代，辑为“汉译世界学术名著丛书”，汇涓为流，蔚为大观。丛书自1981年开始出版，历时三十余年，迄今已推出七百种，是我国现代出版史上规模最大、最为重要的学术翻译工程。

丛书所选之书，立场观点不囿于一派，学科领域不限于一门，皆为文明开启以来，各时代、各国家、各民族的思想与文化精粹，代表着人类已经到达过的精神境界。丛书系统译介世界学术经典，引领时代思想，为本土原创学术的发展提供丰富的文化滋养，为推动中国现代学术和现代化进程做出了突出的贡献。

为纪念商务印书馆成立120周年，我们整体推出“汉译世界学术名著丛书”120年纪念版的珍藏本，寄望既利于文化积累，又便于研读查考，同时向长期支持丛书出版的译者、编者和读者致以敬意。

两甲子后的今天，商务印书馆又站在了一个新的历史时间节点上。我们不仅要铭记先辈的身影和足迹，更须让我们的步伐充满新的时代精神。这是商务人代代相传的事业，更是与国家和民族的命运始终紧密相连的事业。我们责无旁贷，必须做好我们这代人的传承与创造，让我们的努力和成果不仅凝聚成民族文化的记忆，还能成为后来人可以接续的事业。唯此，才能不负前贤，无愧来者。

商务印书馆编辑部

2017年10月

前言：非对称信息理论与信息经济学

谢康　乌家培

2001 年诺贝尔经济学奖分别授予美国加州大学伯克利分校乔治·阿克洛夫、斯坦福大学迈克尔·斯彭斯和哥伦比亚大学约瑟夫·斯蒂格利茨，以表彰他们在柠檬市场、信号传递和信号甄别等非对称信息理论研究领域的开创性贡献。通俗地说，非对称信息经济理论就是一方利用另外一方掌握不到的信息为自己谋求最大利益，针对这种情况如何设计制度的一套经济学理论。本论文集收录了这三位经济学家的七篇代表性论文。这七篇论文可分为三个部分，一是三篇原创性论文，即阿克洛夫的《柠檬市场：质量不确定性与市场机制》、斯彭斯的《劳动力市场的信号发送》及迈克尔·罗斯查尔德和斯蒂格利茨的《竞争性保险市场中的均衡：论不完备信息经济学》；二是两篇密切相关的应用性论文，包括斯彭斯和泽克豪瑟的《保险、信息与个人行为》、斯蒂格利茨和温斯的《不完备信息市场中的信贷配给》；三是格罗斯曼与斯蒂格利茨提出"格罗斯曼-斯蒂格利茨悖论"的两篇经典论文。

一

1970年，乔治·阿克洛夫(George A. Akerlof)发表《柠檬市场：质量不确定性与市场机制》，从而开拓了信息经济学一个新的研究领域，即以分析市场机制不完备为核心的逆向选择理论。[①]阿克洛夫的这篇文章由于其理论的原创性而成为信息经济学研究的经典文献之一。首先，阿克洛夫从质量与不确定性之间的关系开始其对旧货市场的讨论。他的分析表明，在非对称信息条件下，旧货市场上的卖主对于旧汽车质量的信息平均地要比买主掌握得更多些，这样就形成有关旧汽车质量信息的非对称分布。但是，买主根据经验可以大致了解旧汽车市场商品的平均质量，他们总是愿意以这个平均质量的预期价格水平支付购买价格，这样，高于平均质量的旧汽车将被迫撤出市场。由于高质量旧汽车撤出市场，导致旧汽车市场上商品的平均质量进一步下降。这样，买主愿意支付的购买价格水平也将随之下降到新的平均质量水平上，结果，又导致较高质量的旧汽车卖主被迫继续将商品撤出市场。如此循环。最后，旧汽车市场上仅剩下低质量汽车的交易。显然，这种旧汽车市场的交易效率是低下的。改变这种状况的方式之一是有赖于市场上的所谓“诚信”，而“不诚信”是需要社会付出经济成本的。正如阿克洛夫所说的那样，卖主对其销售商品的质量采取诚实或

① 乔治·阿克洛夫：《柠檬市场：质量不确定性与市场机制》，载《经济学季刊杂志》1970年第84卷，第488～500页。

不诚实态度,都将直接影响到买主对商品质量的确认,而不诚实可能会改变买主的购买偏好。总之,如果市场中买主了解被销售的旧汽车的平均质量,而潜在的卖主了解他们准备销售的旧汽车的确切质量,那么,市场交易就会受阻。

这样,阿克洛夫解释了为什么即使只使用过一次的"新"汽车,在旧汽车市场上也难以卖到高价钱,更为重要的是,我们从中获得一个与传统经济学观念相反的结论,即传统经济学认为商品质量决定其市场价格,而在非对称信息市场中,则是商品质量依赖于价格。同时,阿克洛夫还解释了市场上劣质产品排斥优质产品的机制,给出了伪劣产品为什么能够排挤正品的一种非对称信息解释模式,使人们对劣质产品或伪造、冒牌产品,及盗版侵权等行为采取严厉打击措施的必要性有了更加深入的认识。

阿克洛夫模型经过威尔逊(C. Wilson,1980)的概括而形成一般理论形式。威尔逊指出,当买主的偏好不相同时,将存在多种瓦尔拉斯均衡,而且能够利用帕累托标准进行区分。由于存在逆向选择,市场机制中的任何力量都不可能约束商品价格单一化,均衡的性质一般决定了在定价时所采取的经济制度和市场惯性的性质。①

当市场存在大量逆向选择时,为保证市场交易的效率,市场参加者或者说买卖双方均需要支付一定成本使交易活动能够实现,这样支付的一定成本往往是以市场信号的成本形式来体现的。而

① C.威尔逊:《存在逆向选择的市场上的均衡本质》,载《贝尔经济学杂志》1980年第11卷春季号,第108～130页。

分析市场信号，就不能不涉及迈克尔·斯彭斯的研究工作。

1972年，迈克尔·斯彭斯（A Michael Spence）以《市场信号：劳动市场的信息结构及其相关现象》为题完成博士论文而获得哈佛大学博士学位，并先后任教于哈佛大学和斯坦福大学。斯彭斯的贡献可以划分为两个部分：一是他早年及至今长期从事的信息经济学，一是他后期对竞争的动态研究，特别是对企业在竞争策略与市场行为之间关系的研究。斯彭斯对信息经济学概念和理论体系发展的贡献主要体现在与泽克豪瑟（Richard Zeckhauser）合作的《保险、信息和个人行为》（1971）和1973年独立发表的《劳动力市场的信号发送》两篇论文，及专著《市场信号：雇佣及相关甄别过程中的信息传递》（1973）中。① 肯尼思·阿罗（Kenneth J. Arrow）对《市场信号》给予了极高的评价，认为“这是一项不平凡的经济理论的创新工作，他引导出某些新的概念，并强调了实际市场中信息的不完备性，他的发现影响着我们对现实世界的观察。我认为这项开拓性工作将是未来这个领域大量研究的一个开端”。②

斯彭斯对信号与指标做了严格区分。在他看来，市场参与者无法影响自身的指标（如人种、性别、年龄等），但可以改变信号（如教育、品牌等），因此，信号也就潜在地由市场参与者来控制，信息成本就是市场参与者将低水平信号调整为高水平信号的成本。可

① 迈克尔·斯彭斯和理查德·泽克豪瑟：《保险、信息与个人行为》，载《美国经济评论》1971年第61卷，第380～387页；迈克尔·斯彭斯：《劳动力市场的信号发送》，载《经济学季刊杂志》1973年第87卷，第355～374页。

② 迈克尔·斯彭斯：《市场信号：雇佣及相关甄别过程中的信息传递》，哈佛大学出版社，1973年版，书评。

以说,市场信号就是那些可以被其他市场参与者观察,且在市场上传递信息的个体的行为和特征。现仍以旧汽车市场为例说明市场信号原理。假设旧汽车市场上存在多个买主和卖主,尽管买主初期可能不能掌握每辆旧汽车的确切质量,但通过进一步了解,买主终将了解旧汽车市场上商品的平均质量,这样,旧汽车将在反映买主所信任的平均质量的价格水平上成交,该价格水平在买主获得对产品平均质量的认识之前将不断调整。阿克洛夫证明,由于逆向选择的约束,卖主退出市场的过程将持续到极低劣的旧汽车也被销售为止,即达到市场出清为止。然而,尽管如此,人们仍然可以从这种低效率的市场中获得潜在的交易收益(斯彭斯认为,如果高质量旧汽车的卖主能够找出一种方式,付出的成本低于低质量产品的卖主支付的成本,那么,作为一种高质量的信号,将能够从市场活动中获得足够的补偿而获益)。在市场的另一端,即使买主没有认识到这种行为潜在的成本差异,他们也将逐步认识到这种信号与高质量相关而愿意支付一个额外的成本(一般以厂商提高产品价格形式体现这种额外成本)。更进一步分析,在此环境下,无论是否发送信号,对高质量卖主来说只要某种发送信号方式的边际成本较低,那么,市场将会出现某种均衡,在这些均衡中,买主完全能够根据卖主发送的信号水平推测或估计产品的质量水平。

在斯彭斯看来,教育(毕业文凭)是劳动市场上典型的信号之一。他认为具有较高生产率的个人一般能以较低的成本获得教育文凭,因而教育不仅增进人力资本的价值,而且对高生产率的个人也具有重要的信息激励作用。具体地说,在劳动市场上,雇主希望预先获得劳动申请者实际工作能力方面的信息,他们用于判别劳动申请者实际生产率的信息有指标和信号两种。在雇主甄别劳动申请者、银行甄别贷款申请者等甄别过程中，个人的某些特征，如教育、以往工作经验和履历等都可能被看作是一种信号，特别是教育被看成是完成某类工作的一种能力的信号。斯彭斯指出，教育本身也许是非生产性的，甚至对于整个社会而言，教育投资的社会收益率可能为零，但是，更高的教育水平可以成为个人不可缺少的更高的劳动生产率的信号；当教育的发展使这些信号的价值降低时，依然会出现获得更多教育的压力，从而进一步降低教育投资的社会效益。因此，斯彭斯得出这样一个有趣的结论：当教育被作为一种劳动市场的信号时，社会将存在对之过度投资的趋势。

显然，市场信号是市场参加者解决逆向选择的一种对策结果，它表明即使在信息非对称市场上，通过大量释放信号，市场依然可以获得部分被逆向选择破坏的市场效率。斯彭斯使用的信号概念引导我们观察劳动市场和商品市场上的效率，其方法为经济学家和政策制定者提供了一种观察各种信号的福利特征和研究某个具体市场信息结构的工具，即斯彭斯研究信号的目的是试图解释市场信号的信息内容。此外，斯彭斯也拓展了包括信号内容的"市场均衡"的概念，即当信号均衡概念被应用于劳动市场中时，它被定义为这样一种状态：雇主对于劳动申请者的信号与他们的生产率之间的相互关系的认识与这些劳动申请者工作后的实际成绩相一致。斯彭斯的"信息均衡"的信号理论，不仅与人力资本理论密切相关，而且使人们对其他许多经济现象有了新的理解，如抵押、联合销售、商标品牌、担保机构和劳动市场的甄别模型等。

约瑟夫·斯蒂格利茨(Joseph E. Stiglitz)在财政学、公共经济学(政府经济学)和信息经济学三个领域的建树最为突出。自从1975 年发表第一篇信息经济学论文《激励、风险和信息》以来,斯蒂格利茨相继发表了近 70 篇信息经济学论文。通过对这些文献的研究,我们认为,斯蒂格利茨对微观信息经济学的贡献,主要体现在对不完全信息条件下产品市场、资本市场和保险市场中经济行为的分析,信息在社会资源配置中的作用(特别是逆向选择和道德风险导致的市场失灵问题),以及微观信息市场分析三个领域。

迈克尔·罗斯查尔德(Michael Rothschild)和斯蒂格利茨(1976)通过对竞争性保险市场均衡的分析发现,具有不完备信息的竞争性保险市场比具有完备信息的标准模式更为复杂,因为前者的竞争不仅表现在消费者数量和购买量上,而且还表现在有关消费者的信息方面。在具有不完备信息的竞争性保险市场中,可能不会出现市场均衡,即便在保险市场中出现了竞争均衡,也可能不是帕累托最优。在保险市场上,保险合同能够被相互交易。假设投保人了解他们自己发生意外事故的概率,但保险公司却不知道。对于保险公司来说,投保人可能发生意外事故的偏好特性是相同的,所以,保险公司不能根据投保人的特性甄别保险市场中潜在投保人的风险水平。由此,厂商有可能借助其保险消费者的地位改变企业发生意外事故的概率。同样,那些具有高风险水平的保险消费者将比低风险保险消费者对于保险市场有更多的和更高的需求。当保险公司认识到对于保险消费者有关信息的控制将有助于保险公司改善市场环境时,为了决定它们将提供什么合同和向谁提供合同,保险公司必须要了解它们顾客的特性。当然,保险

公司也可以利用投保人投保后产生的信息对投保人进行控制，但是，对于保险公司而言，使用投保人投保之后出现的信息来控制市场环境，不过是不得已而为之的亡羊补牢罢了。

罗斯查尔德和斯蒂格利茨具体观察两类均衡，一种是同质特性的消费者的保险均衡，一种是具有不同特性的消费者的保险均衡，即典型的不完备信息条件下的保险市场均衡。他们认为，不完备信息条件下的保险市场将出现且仅出现两类均衡，即混同均衡(pooling equilibria)和分离均衡(separating equilibria)。在混同均衡中，两类保险消费者都购买相同的保险合同；在分离均衡中，不同风险水平的消费者将购买不同价格的保险合同。并且，如果保险市场上存在均衡，那么，不同风险水平的消费者必须购买不同价格的保险合同。同时，不完备信息约束的竞争性的保险市场可能没有均衡出现。如果将这个研究结论做适当的推广，可以认为，具有不完备信息的竞争性市场可能没有均衡。即便在不完备信息条件下出现竞争性均衡，也将可能不是帕累托最优。因此，在不完备信息环境中的市场难以出现极高的经济效率。该结论是不完备信息经济分析的最为重要的结果之一。

罗斯查尔德和斯蒂格利茨提出的保险市场均衡模型是一种区别于斯彭斯信号显示模型的解决逆向选择问题的“新”机制。他们指出，在竞争性的保险市场上保险公司不了解保险客户的风险情况，这时，保险公司通过将不同数额的保险费和免赔额进行匹配组合而向客户提供可供选择的不同类型的保险合同。在某种条件下，客户进行自我选择的结果正是保险公司所愿意看到的。斯蒂格利茨和罗斯查尔德证明在以上假设条件下不存在混同均衡，因为保险公司在设计混同合同时要根据所有客户平均的风险情况来确定保险费,而该保险费对于低风险客户来说太高,他们可能因此而选择不参加保险,从而使保险客户中高风险客户的比例提高,保险公司就有可能亏损,这样,可能存在的均衡是唯一的分离均衡。也就是说,保险公司提供了两种保险合同,一是高保费的全额保险合同,二是低保费的部分保险合同,结果,高风险客户选择前者,低风险客户选择后者,从而达到了将两类保险客户区分开来的目的,即达到了分离均衡。文章还证明了在某些条件下分离均衡也是不存在的。

信息甄别和信号显示模型存在着两个明显的区别:第一,在保险市场上具有不完全信息的保险公司先主动向客户提供不同种类的合同,从而达到使客户进行自我选择的甄别目的。在斯彭斯的劳动市场模型中,具有完全信息的劳动者先主动向雇主显示信号。第二,信息甄别的可能均衡是唯一的,而信号显示的可能均衡有多个。因此,我们在上文便提到信息甄别是不同于信号显示的又一种解决逆向选择问题的机制。

1976 年和 1980 年桑福德·格罗斯曼(Sanford Grossman)与斯蒂格利茨合作发表的《信息与竞争性价格体系》和《论信息有效市场的不可能性》,作为微观信息经济学经典名篇而被广泛引用。格罗斯曼和斯蒂格利茨注意到这样一个问题,即价格体系如何指示人们对新的经济环境作出反应:价格体系如何从了解信息的市场参加者那里传递信息给未了解这些信息但又需要这些信息的市场参加者,又如何从不同的市场参加者那里收集或积聚不同的信息?目前,这些问题一般以格罗斯曼-斯蒂格利茨悖论

(Grossman-Stiglitz parsdox)形式得到概括。以作为典型信息市场之一的期货市场为例,价格体系是收集不同个人信息的信息收集者。这样,当人们观察期货价格后,他们就能够预测出在市场与期货价格中的可资利用的数量关系。然而,这里存在一个基本问题:如果人们最终认识到期货价格可以完全预测未来现价,那么,他们将不再根据他们自身的信息来确定其需求,而是仅仅依据市场信息决定其需求。而且,由于期货价格完全预测现价(具有零变动),因而不需要期货保值,这意味着没有贸易发生。可是,如果没有贸易,也就没有市场;而没有市场,人们对市场就会有不同认识。结果,又产生对期货市场的需求。这个悖论也可以用另外一种方式来表述:如果市场完全收集了市场参加者的私人信息,个人需求将不再依赖他们自身所拥有的信息,但是,这时,市场(价格体系)又如何可能完全收集所有个人的信息呢?这就是格罗斯曼-斯蒂格利茨悖论。

我们以股票市场的信息为例进一步说明格罗斯曼-斯蒂格利茨悖论。通常假设股票市场在信息方面是有效的,这意味着在任意一个指定时期内,股票价格反映有关股票的所有信息。然而,这种情况并不表明市场中的每个个人都了解所有信息,显然,股票市场中存在消息灵通的经纪人,也存在信息不灵通的经纪人。于是,前者将根据股票价值抬高或压低股票价格,而后者由于没有更多的信息而难以对股票现价进行讨价还价。这就存在一个问题:假如每个市场参加者都相信股票价格是合理的(或股票被合理地定价),那么,市场中将没有人有积极性去搜寻新的信息;如果没有人搜寻新的股票信息,也就没有任何新的股票信息出现;而没有新的股票信息的出现意味着股票市场在信息方面并不是有效合理的。因此，该结论与上面的假设相矛盾。

格罗斯曼-斯蒂格利茨悖论表明，由于信息是有成本的，价格不可能完全反映可以获得的信息，如果价格可以完全反映所获得的全部信息的话，那么，那些付出成本而获得信息的市场参加者将不会因此而获得信息回报，这样，就在市场传播信息与获取信息的激励之间存在着一个基本的矛盾，这个矛盾导致社会中不可能存在极高效率的信息市场。要解决格罗斯曼-斯蒂格利茨悖论，需要更详细地考察各种具体的情形，分析在哪种具体的情形下理性的人们愿意承担获得信息的成本。在股票市场上，价格不仅受到消息灵通的经纪人行为的影响，而且还受到来自市场之外的经济惯性的冲击，此外，还受到经纪人风险偏好的影响。这些不确定性表明交易行动往往发生在“噪声的甄别”之后。这样，格罗斯曼提出“噪声”的合理预期模型，以此来阐述市场参加者发现新信息所获得的回报。①

以资本市场为例，资本市场上道德风险的形成在于个别借款者将按照较高的贷款利率选择经营风险较高的项目，而逆向选择的形成在于较高贷款利率下某些借款者的相对安全的投资变得无利可图，从而变相提高了其他贷款申请者的风险水平。因此，较高的贷款利率在增加贷款者任何特定项目上预期收益的同时，也将导致道德风险和逆向选择的出现，从而减少贷款者对所有借款者

① 桑福德·格罗斯曼：《期货市场的存在、噪音的合理预期与信息外部性》，载《经济研究评论》1977 年第 64 卷，第 431～449 页。

的预期收益。由于资本市场上贷款者无法先验地了解到每个借款者和经营项目的风险水平及其特征，因此，对于贷款者而言，最佳的政策就是使贷款利率低于市场出清水平和实行有区别的信贷配给。由此可见，供求法则事实上并不是一个市场经济中永远存在的法则，也未必一定是我们对竞争分析的必备的假定条件。① 显然，斯蒂格利茨和温斯在此考察的是一个完全竞争的银行系统，它的可贷资金的供给是存款率的递增函数。当每个借款者要求获得相同的借款金额时，他们对于银行来说是没有区别的，银行不能从中区别出哪一类借款者的风险高，哪一类借款者的风险低，但是，风险水平高的借款者违约的可能性显然要高于风险水平低的借款者，而且在任意给定的利率水平上，银行从借款者中获得的收益也各不相同。在他们的这个模型中，银行（贷款者）相当于阿克洛夫模型中的买主，而借款者相当于卖主。斯蒂格利茨和温斯认为，银行采取有条件的信贷配给制度是为了避免逆向选择的境况。或者说，在信贷市场上，有些贷款者即使愿意支付更高的利息也得不到贷款，这种信贷配给现象违背了古典经济理论关于市场价格（利率）的自动调整会使信贷资金的需求等于供给的解释，以往许多经济学家将其解释为政府干预的结果。然而，斯蒂格利茨和温斯却认为，即使没有政府干预，银行要减少高风险贷款所带来损失的最好办法就是限制贷款规模而非提高利率。对不完备信息条件下产品市场和竞争性保险市场的分析，是斯蒂格利茨对不完备信

① 约瑟夫·斯蒂格利茨和安德鲁·温斯：《不完美信息市场中的信贷配给》，载《美国经济评论》1981 年第 71 卷第 3 期，第 393～410 页。

息经济学的主要贡献之一。

可以认为,阿克洛夫的柠檬市场描述了市场经济中的一次信息市场问题,斯彭斯的市场信号理论描述了二次信息市场问题,罗斯查尔德和斯蒂格利茨的信号甄别理论则描述了另外一种形式的二次信息市场问题,格罗斯曼-斯蒂格利茨悖论则对整个信息市场效率问题进行了描述。我们愿意在这里指出,除了上述三个代表人物外,非对称信息理论的代表人物还有阿罗、格罗斯曼、罗斯查尔德、赫什雷弗(Jack Hirshleifer)、约翰·赖利(John G. Riley)和罗伊·拉德纳(Roy Radner)等。

二

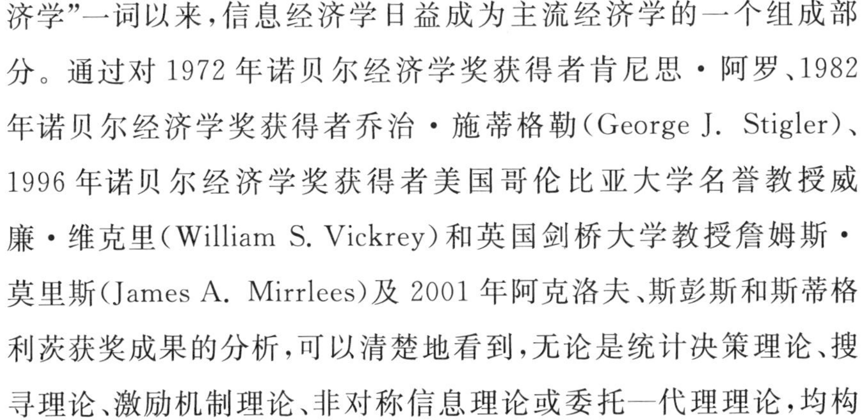

自1959年雅各布·马尔萨克(Jacob Marschak)提出“信息经济学”一词以来,信息经济学日益成为主流经济学的一个组成部分。通过对1972年诺贝尔经济学奖获得者肯尼思·阿罗、1982年诺贝尔经济学奖获得者乔治·施蒂格勒(George J. Stigler)、1996年诺贝尔经济学奖获得者美国哥伦比亚大学名誉教授威廉·维克里(William S. Vickrey)和英国剑桥大学教授詹姆斯·莫里斯(James A. Mirrlees)及2001年阿克洛夫、斯彭斯和斯蒂格利茨获奖成果的分析,可以清楚地看到,无论是统计决策理论、搜寻理论、激励机制理论、非对称信息理论或委托—代理理论,均构成了信息经济学的重要内容和基本理论。但是,信息经济学的理论远非就这么多,公共信息与私人信息理论、同质信息与异质信息理论、隐含合同理论、信息滤波理论、微观信息市场理论、信息搜寻和信息系统选择理论等，均属于重要的信息经济学理论。①

对于什么是信息经济学，或信息经济学究竟研究什么，国内外都存在不同的看法。这些不同的看法相互并存是有利于信息经济学繁荣和发展的。赫什雷弗(1973)认为，信息经济学是经济不确定性理论自然发展的结果。② 在我们看来，可以从两个角度观察信息经济学，一是将信息经济学划分为理论和应用两个部分；二是将信息经济学划分为微观和宏观两个部分。这两种划分方法既有联系又有区别，理论信息经济学与微观信息经济学有重合但不等同，应用信息经济学与宏观信息经济学有重合但不等同。任何一种划分方法都仅具相对意义。我国对信息经济学的研究始于20世纪80年代，比国外大约晚了20多年。当时，偏重于应用信息经济学或宏观信息经济学的研究，至20世纪90年代初中期开始注重理论信息经济学或微观信息经济学的研究。关于微观信息经济学与宏观信息经济学的划分，最早出自美国经济学家赫什雷弗和赖利。他们(1979)将逆向选择和道德风险理论放在不确定性经济学下面，将20世纪70年代以前的信息经济学成果总结为五个部分：(一)信息的决策；(二)公共信息与市场均衡；(三)研究与创新的经济学；(四)信息优势与市场的信息显示(市场信号)；(五)合理预期与信息效率，其中，第(三)部分内容为马克卢普的知识产业理论。这两位学者认为，微观信息经济学是研究市场不确定性的信

① 谢康：《微观信息经济学》，中山大学出版社，1995年。

② 杰克·赫什雷弗：《信息经济学：处于信息理论的何处?》，载《美国经济评论》1973年第63卷第2期，第31～39页；另参见李绍荣：《杰克·赫什雷弗对信息经济学和冲突分析理论的贡献》，载《经济学动态》2001年第10期。

息理论,宏观信息经济学则是研究技术不确定性的信息理论。[①] 其后,澳大利亚尼尔·卡卢纳尔顿(Neil D. Karunaratne)(1986)进一步发挥和阐述了这种认识。[②] 在金(D. W. King)等编的《信息经济学精选文集》中收录了24篇文献,[③]这些文献既有属于微观信息经济学的,也有属于宏观信息经济学的。

我们赞同斯蒂格利茨(1985)的看法,还可以将信息经济学看成是一种透视法,即观察经济现象和研究经济规律的一种方法。[④] 从方法论角度看,信息经济学就是从信息角度研究经济问题所形成的理论结果或知识体系。那么,什么是信息经济学的透视方法呢?或者说,国外学者是从哪些角度分析信息经济现象的呢?谢康(2000)将国外学者对信息经济学的不同理解和研究归纳为五个方面:第一个角度是以不完全信息和非对称信息的假设出发分析经济现象,第二个角度是从统计决策的角度出发,研究如何利用信息实现最优信息经济,第三个角度是从企业管理和信息管理角度研究信息经济现象,第四个角度是从信息产业角度分析信息经济现象,第五个角度是从信息经济的统计测算角度分析信息经济现象。[⑤]

① 杰克·赫什雷弗和约翰·赖利:《不确定性与信息分析法:一项调查》,载《经济文献杂志》1979年第17卷第4期,第1375～1421页。

② 尼尔·卡卢纳尔顿:《信息分析法与信息经济的实证分析》,载《信息社会》1986年第4卷第4期,第313～331页。

③ D. W. 金等编:《信息经济学精选文集》,知识产业出版社,1983年版。

④ 约瑟夫·斯蒂格利茨:《信息与经济分析:展望》,载《经济杂志:会议论文》1985年,第21～41页。

⑤ 谢康:《国外信息经济学研究》,载《科学决策》2000年第4期。另参见谢康:《信息经济学三条基本思路的发展与知识范畴的形成》,载《经济研究资料》1993年第7期。

根据上述五个研究角度，可将信息经济学研究范畴分为八个领域。

第一个领域为微观信息经济学的核心领域，包括非对称信息理论、委托—代理关系、激励机制及市场安排、逆向选择、道德风险和市场信号等内容。这也是微观信息经济学的主要研究领域，甚至有学者直接将信息经济学称为“非对称信息经济学”。

第二个领域为微观信息经济学的非核心领域，包括信息的四种形式（完全与不完全、对称与非对称、公共信息与私人信息以及同质信息与异质信息）的模型及影响研究、信息搜寻、最优信息系统选择、信息商品与销售、信息成本与价值、信息结构与信息效率、信息技术和网络外部性、知识产权保护以及信息市场理论等内容。

第三个领域为宏观信息经济学的核心领域，主要是信息经济与知识经济理论研究，包括信息经济的测度理论与方法、知识经济的测度理论与方法、国家创新体系、信息化（或计算机化）的测度理论与方法、信息和知识对经济增长的贡献（新经济增长理论等），以及路径依赖、市场锁定、收益递增律、信息财富和信息资源的经济理论等内容。

第四个领域为信息系统经济学，研究内容包括信息系统的成本、价值与创新、信息系统的投资与项目管理、信息系统的成本—收益分析、信息系统投入产出分析、信息系统定价和市场营销等。

第五个领域为企业的信息组织理论，包括企业信息管理和知识管理、企业信息技术战略与竞争策略、企业信息化与产业信息化理论等内容。

第六个领域为信息的产业组织理论,也称为信息产业经济学或信息技术经济学研究,包括信息产业的经济特征和信息技术产业化,信息产业垄断与竞争、进入与退出、研究与开发等竞争战略与策略,以及信息产业与就业、人力资源、经济周期、通货膨胀和经济增长等内容的研究。

第七个领域为网络经济学,包括网络外部性、网络经济的特征、作为公共商品的网络的经济效率、网络产业的竞争、网络产品及服务定价、网络经济的政策,以及电子商务中的各种经济问题的研究。

第八个领域为国际信息经济学,包括世界信息经济与国际信息贸易两大部分内容,前者侧重从世界经济角度分析世界经济的信息化与信息经济发展及趋势,如研究信息技术对国际经济相互依赖性的影响等,后者从国际经济学,特别是国际贸易的角度分析信息贸易的经济问题,如信息产业的战略性贸易政策、信息服务贸易与国家竞争力的关系,信息服务市场的开放顺序等。

针对信息经济学有这样多的研究角度和范围,国外经济学家中也有不同看法。赫什雷弗(1973)是最早提出这个问题的学者之一。他认为,马克卢普和马尔萨克提出的知识产业和信息系统经济学动摇了传统经济学对信息的看法,扩大了经济学观察的视野,但是,微观信息经济学需要收拢自己的研究范围,至少需要限制在以下领域做研究:(1)类似需求函数、短期与长期成本函数与不完全竞争这样的信息假设;(2)在谈判和博弈中信息的主要作用;(3)在宏观理论中,分散化的市场经济中信息非函数分布时的凯恩斯非均衡;(4)劳动市场上搜寻的失业解释;(5)在组织中信息流的效率，等等。微观信息经济学应集中于研究市场中信息的生产、传播和改善，因此，从这个狭窄的角度来说，微观信息经济学是不确定性经济理论自然发展的结果。相反，马克卢普对专利等知识产业理论的研究，属于宏观信息经济学的范畴。

三

在我们看来，上述研究都可能看成是信息经济学的研究，并不是仅局限于研究如何让人讲真话，如何让人守诺言的学问。直接将信息经济学定义为“对付欺诈的学问”更加不妥。[①] 例如，格罗斯曼-斯蒂格利茨悖论、搜寻理论、信息商品定价、最优信息系统选择等与“讲真话”、“守诺言”无关，但这并不妨碍它们作为重要的信息经济学理论而存在。更进一步，我们可以从信息经济学研究重点的转变看什么是信息经济学：

第一，1984 年肯尼思·阿罗出版了一本论文集《信息经济学》。他在该书中文版序言中写道，“或许，从来没有一个经济学家会否认，大多数经济决策都是在具有相当的不确定性的条件下作出的，但只是在最近几十年，大约从 1950 年开始，明确地分析不确定性下的经济行为的工具才得以运用。一旦不确定性的存在在形式上是可以分析的，信息的经济作用就变得十分重要了”，“数理统

① 2002 年 5 月 29 日至 6 月 1 日，2001 年诺贝尔经济学奖获得者之一迈克尔·斯彭斯教授应邀前来中山大学信息经济与政策研究中心进行学术访问。期间，我们与他就信息经济学及其发展问题进行了交流，在讨论到国内的这种观点时，斯彭斯教授认为这种看法是错误的，并用通俗的事例和理由反驳了这个观点。他认为，对付欺诈不是信息经济学的研究目标，信息经济学的研究目标应该是对付经济系统中的不确定性。

计学家早就认识到了复杂的抉择问题,信息经济学已经吸收了,并且还将继续利用他们的研究成果。本书中的论文是在一段很长的时期内分别撰写的,它们的演变过程为读者揭示了信息经济领域里研究重点的转变”。[①] 在这本论文集中,阿罗共收集了从 1949 年到 1981 年中的 18 篇论文,内容涉及统计决策、信息价值、组织议事日程和大团队的资源配置等。

第二,1982 年诺贝尔经济学奖获得者乔治·施蒂格勒对信息经济学思想的论述主要体现在《信息经济学》(1961)和《劳动市场的信息》(1962)两篇论文中。[②] 瑞典皇家科学院在 1982 年授奖公告中将施蒂格勒誉为“信息经济学”和“管制经济学”的创始人,以及边缘科学——法律经济学的先驱之一。施蒂格勒在后来出版的《价格理论》中,在第 14 章进一步细化了他对信息经济学搜寻理论的探索。[③] 施蒂格勒在信息经济学中的开创性思想不会随着研究重点的转变而成为非信息经济学的内容,搜寻及寡占中的信息经济问题依然值得我们去研究。

第三,从信息经济学研究重点的转移,可以清楚地看到究竟什么是信息经济学。它先从统计决策的研究做起,从讨论不确定性入手,逐步出现多个方向的研究领域,包括施蒂格勒的搜寻理论、阿罗的信息价值理论、维克里与莫里斯的第二投标法与最优税激

① 肯尼思·阿罗:《信息经济学》,北京经济学院出版社 1989 年版,中文版序言。

② 乔治·施蒂格勒:《信息经济学》,载《政治经济学杂志》1961 年第 69 卷第 3 期,第 213~225 页;乔治·施蒂格勒:《劳动市场的信息》,载《政治经济学杂志》1962 年第 70 卷第 5 期,第 94~105 页。

③ 乔治·施蒂格勒:《价格理论》,北京经济学院出版社,1990 年,第 241~252 页。

励机制理论、阿尔其安的信息成本与定价理论等。20世纪70年代，出现以阿克洛夫、斯彭斯和斯蒂格利茨等为代表的非对称信息经济理论。80、90年代，非对称信息经济理论逐步被运用到从发展中国家农产品市场到发达国家金融服务市场等领域。但是，90年代后，信息商品定价、信息产业、信息化、因特网和网络经济等问题纷纷成为讨论议题。非对称信息理论直到1995年前后才较为普遍地出现在标准经济学教科书中。

综上所述，信息经济学既可以分为微观信息经济学和宏观信息经济学，[①]也可以划分为三个部分，一是信息的经济理论，包括信息商品、信息系统、信息搜寻与选择等；二是信息经济的理论，包括信息产业及其发展、信息市场与信息贸易、信息经济及其测度，及国民经济信息化理论与实践等；三是信息与经济的关系理论，包括非对称信息理论、激励机制、委托—代理理论、信息在资源配置中的作用、信息技术在经济发展中的作用等。[②]

国内外对信息经济学的范畴有不同理解是正常的。信息经济学是一个发展中的经济学，它不可能发展到目前这个阶段就停滞不前了，更不可能由于非对称信息理论或激励机制理论在20世纪后期、21世纪初期成为信息经济学的核心内容之一，信息经济学就将自己局限在这个领域中。基于这样的看法，我们认为，任何人从任何角度研究信息的经济问题，研究信息及其产业化所带来的

① 谢康:《信息经济学原理》，中南工业大学出版社，1998年。

② 乌家培:《加强信息经济学的研究》，载《经济学动态》1989年第9期。另参见乌家培:《经济信息与信息经济》，中国经济出版社，1991年；乌家培、谢康、王明明:《信息经济学》，高等教育出版社，2002年。

各种经济影响问题,都应该得到鼓励和支持,都可以看作是对信息经济学的探索。对信息经济学的不同理解应该而且可以并存,不存在科学与非科学之分。众人拾柴火焰高。大家共同探索信息的经济问题、信息经济的问题,以及信息与经济间关系等问题,必将有利于信息经济学的发展和繁荣。

目　　录

柠檬市场:质量不确定性与市场机制*

乔治·阿克洛夫

1. 引言

本文着重讨论质量和不确定性问题。现实中大量存在的商品异质性使传统的市场理论面临着饶有趣味而又十分重大的难题,一方面,质量的差异和不确定性之间的相互作用可以解释劳动力市场上的重要机制,另一方面,本文试图通过讨论获得这样的结论:在不发达国家,商业交易是困难的。其中,将特别论及欺骗性交易的经济成本。本文的理论还可以用来研究货币市场、保险可行性、耐用品的流动性和名牌商品等问题。

在许多市场中,买者利用市场的一些统计数据来判断他们将要购买的商品的质量。在这种情况下,卖者就有动力提供低质量的商品,因为某种质量商品的价格主要取决于所有同类商品质量

* 作者由衷感谢汤姆斯·罗滕伯格所给予的宝贵意见和鼓励。同时,感谢罗伊·拉德纳、艾伯特·菲什洛、伯纳德·萨弗兰、威廉·D. 诺德豪斯、乔吉·欧拉·马尔法。此外,十分感谢印度统计局的帮助和福特基金的支持。

的统计数据而非取决于该商品的实际质量。结果，商品的平均质量将趋于下降，市场规模将不断缩小。我们还可以观察到这种市场对个人和社会有不同的回报，因此，在某种情况下政府的干预可以增进社会的总体福利水平。或者说，私人组织利用了整个社会福利水平潜在的增长机会而使自己获利。实际上，这些私人组织的行动所产生的影响并非可以忽略不计，因此，尽管集权本身有许多负面影响，但是，一定程度上的集权可以保证经济的健康发展。

下面，我们用汽车市场作为例子来阐释和进一步发展以上的思想。需要指出的是，之所以选择旧车市场来讨论，是因为这个例子很具体，并且容易理解，而不是因为它的重要性和有何现实意义。

2. 作为例证的汽车市场模型

2.1 汽车市场

旧车市场的例子可以抓住问题的本质。人们不止一次地听说或惊讶于新车与刚刚开出样品陈列室的汽车之间的价格存在巨大差别。对这种情况最普通的解释是人们有一种对“新”车的特别的偏好。在此我们提出一种与众不同的解释。假设(作出这个假设是为了使问题更加简单明了，而并非从现实出发)有 4 种汽车：新的和旧的，高质量的和低质量的。低质量车在美国被称作“柠檬”。一辆新车可能是高质量的，也可能是“柠檬”，当然一辆旧车也同样有这两种情况。

在这样的市场上，消费者买一辆新车时并不知道这辆车到底是高质量的还是“柠檬”,但是他知道这辆车是高质量车的概率是 q,是“柠檬”的概率是 $(1-q)$。这里假设 q 是高质量车占所有汽车的比率,$1-q$ 是“柠檬”的比率。

车主在拥有汽车后的一段时间内就会了解到该车的质量,也就是说,此时车主可以赋予该车可能是“柠檬”的一个概率值,这个估计比初始的估计更加准确。于是,信息不对称发生了:卖主掌握了比买主更多的关于汽车质量的信息。对于买主来说,由于他不可能在买车时区分汽车的质量,所以,高质量车和低质量车只能以同一个价格水平出售。很明显,一辆新车和一辆旧车不应该有同样的评价。如果它们拥有的评价相同,车主通过以高质量车的价格出售“柠檬”后再买一辆新车,该新车是高质量车的概率 q 大于原先购买新车的概率。这样,高质量车的拥有者将不会卖出汽车,因为如果卖出汽车他不仅无法得到汽车的真实价值,也无法获得一辆新车的期望价值。

在这里,出现了一个修正后的格莱辛定律的结果。[①] 当“柠檬”充斥汽车市场时,高质量车根本不会成交,于是,如同劣币驱逐良币一样,低质量车将高质量车逐出了市场。然而,该结果与格莱辛定律并不完全一样:低质量车驱逐高质量车是因为低质量车与高质量车在相同的价格水平上出售。相似地,劣币驱逐良币是因为两者利率水平相同。但是,低质量车之所以与高质量车以同一个价格出售是因为买主无法区分一辆车到底是低质

① 格莱辛定律(Gresham's law)表述为“如有两种交换手段一起在市面流通,价值较大的一种将会消失”,即“劣币驱逐良币”。参见《新帕尔格雷夫经济学大辞典》第2卷,经济科学出版社1992年版,第608～609页。——译者

量的还是高质量的，这只有卖主才清楚。在格莱辛定律中，买主和卖主大概都可以区分劣币和良币。所以说这个类比具有启发性，但并非完全相同。

2.2 非对称信息

我们已经可以看到质量好的汽车会被"柠檬"逐出市场。但是，在不同质量等级的产品连续分布的情形下，更糟糕的反常状况也会发生，因为质量最差的汽车在将质量最好的汽车逐出市场后会继续将质量较好、质量中等和质量再稍差一些的汽车依次逐出市场，从而导致二手车交易市场根本无法存在。

我们可以假设对二手车的需求主要取决于两个变量——二手车的价格 p 和进入交易的二手车的平均质量 u，即 $Q^d=D(p,u)$，而二手车的供给和平均质量 u 取决于二手车的价格，即 $u=u(p)$ 和 $S=S(p)$。在均衡状态下对于给定的平均质量，二手车的需求等于供给，即 $S=D(p,u(p))$。随着二手车交易价格的下降，进入交易的二手车的平均质量理所当然地随之降低，最终导致在任何价格水平下都不存在二手车的交易。

效用理论可以帮助我们解释二手车交易的例子。假定市场上有两类交易者，交易者 1 和交易者 2，交易者 1 的效用函数为：

$$U_1=M+\sum_{i=1}^{n}x_i$$

其中，M 代表交易者 1 对二手车之外其他商品的消费，x_i 表示第 i 辆汽车的质量，n 为汽车的数量。

同理，交易者 2 的效用函数是：

$$U_2 = M + \sum_{i=1}^{n} \frac{3}{2} x_i$$

对于这些效用函数有三点需要说明:(1)这里采用线性效用函数(如对数型效用函数)来讨论问题,这样做我们就无须处理复杂的代数运算;(2)线性效用函数的使用还可以使我们专注于研究非对称信息的效果。如果在凹形效用函数下进行研究,我们将不得不在考察我们最希望关注的事实的同时,考虑不确定性所带来的风险变动的影响;(3)U_1 和 U_2 具有边际效用不变的特征,即增加第 2 辆车的消费直到增加第 k 辆车的消费所带来的效用的增加都与增加第一辆车消费所带来的效用的增加相等。在此,我们再一次为了研究的需要而牺牲了边际效用变动的现实。

接下来再假设:(1)两类交易者都是冯·诺依曼—摩根斯坦效用函数中的追求期望效用最大化者;(2)交易者 1 拥有 N 辆质量为 x 并且服从均匀分布的汽车,其中,$0 \leqslant x \leqslant 2$,交易者 2 没有汽车;(3)把其他商品 M 的价格看成为一个单位。

将各种类型的交易者 1 的收入(包括销售二手汽车所带来的收入)记作 Y_1,将交易者 2 的收入记为 Y_2。对二手车的需求即是两类交易者对二手车需求的总和,当我们忽略不可整除的可能时,交易者 1 对二手车需求的数量就可以表示为:

$$D_1 = Y_1 / p \qquad u/p > 1$$

$$D_1 = 0 \qquad u/p < 1$$

交易者 1 对二手车的供给就是

$$S_2 = pN/2 \qquad p \leqslant 2 \tag{1}$$

二手车的平均质量是

$$u=p/2 \tag{2}$$

在(1)和(2)两个表达式中，我们使用了二手车质量服从均匀分布这一假设。

同样，交易者 2 的需求为

$$D_2=Y_2/p \qquad 3u/2>p$$

$$D_2=0 \qquad 3u/2<p$$

供给是 $S_2=0$，因而总的需求 $D(p,u)$ 是

$$D(p,u)=(Y_2+Y_1)/p \quad \text{如果 } p<u$$

$$D(p,u)=Y_2/p \qquad p<u<3u/2$$

$$D(p,u)=0 \qquad p>3u/2$$

尽管有这样的事实，即在 0 到 3 之间的某个价格下有的交易者 1 愿意卖掉他们的车，而有的交易者 2 愿意在这一价格下购买。但无论如何，在价格为 p，平均质量为 $p/2$ 这种质量均匀分布的情形中，在任何价格水平下都根本不会发生二手车交易。

2.3 对称信息

上面的分析将与对称信息下的情形形成鲜明的对照。假设所有汽车的质量是均匀分布的，$0\leqslant x\leqslant 2$，那么，需求曲线和供给曲线就可以写成如下形式：

供给曲线是：

$$S(p)=N \qquad p>1$$

$$S(p)=0 \qquad p<1$$

需求曲线是：

$$D(p)=(Y_2+Y_1)/p \qquad p<1$$

$D(p)=(Y_2/p)$ $\qquad 1<p<3/2$

$D(p)=0$ $\qquad p>3/2$

均衡:

$$p=1 \qquad \text{如果 } Y_2<N \tag{3}$$

$$p=Y_2/N \qquad \text{如果 } 2Y_2/3<N<Y_2 \tag{4}$$

$$p=3/2 \qquad \text{如果 } N<2Y_2/3 \tag{5}$$

如果 $N<Y_2$,那么,在非对称信息的情况下将有 $N/2$ 单位的效用收益。如果 $N>Y_2$,此时交易者 2 的收入不足以购买到 N 辆汽车,那么,将有 $Y_2/2$ 单位的效用收益。

最后,对于该例子应该提到的是,如果两类交易者对每辆汽车的质量具有相同的概率估计——尽管这种估计因汽车的不同而不同——(3)、(4)和(5)式仍将能够描述均衡,只不过此时 p 将代表每单位质量的期望价格。

3. 例证和应用

3.1 保险

众所周知,年龄超过 65 岁的人很难买到医疗保险。这就产生了一个问题:为什么保险费不能一直上升到与风险相当的水平?

一个回答是,当保险费提高时,只有那些越来越确信自己有必要投保的人才会去买保险。医疗体检中的弊端、医生对病人的同情等因素,使得保险申请人比保险公司更加了解自己的风险状况。结果,当保险费上升时,投保申请人的平均健康状况不断恶化,导致最终将不会在任何保险费水平上签订保险合同。[①] 这与我们的汽车市场的例子十分相似，在那里，待售旧车的平均质量随着市场价格的下降而下降。关于这一点，保险学教科书的解释是这样的：

> 通常，保险政策在处理65岁以上的人时是无效的。此时，保险费太高以至于除了那些最悲观的(即健康状况差的)投保人而没有其他人会对投保感兴趣，因而在这一年龄段存在着严重的逆向选择问题。[②]

以上结论与统计数据是一致的。1956年对2809个家庭8898个人进行的全国性问卷调查显示，当人们随着年龄的增长越来越需要保险时，医疗保险的覆盖率从45～65岁人群的63%下降到65岁以上人群的31%。令人吃惊的是，调查显示，55～64岁之间的男性的平均医疗支出是88美元，超过65岁男性的该项支出是77美元。[③] 然而，在该年龄段的人的非保险支出从66美元上升到了80美元，保险支出则从105美元下降到了70美元。结论是饶有趣味的：保险公司对于向老年人提供保险尤其谨慎。

逆向选择是所有类型的保险都存在的潜在问题。下面的观点摘自沃顿商学院的一本教科书：

> 当逐渐变老的那些健康保险的投保人面对的保险费上升

① 阿罗的经典文献：《不确定性与医疗保障》(载《美国经济评论》，1963年，第53卷)并没有明确表述这一点，他重点论述了"道德风险"而非"逆向选择"。从狭义上看，"道德风险"的出现对于政府项目和私人项目都是不利的。在广义上，"道德风险"包含了"逆向选择"的含义，它对于政府的保险计划无疑是有利的。

② O.D.迪克森：《健康保险》(赫姆伍德，I11：欧文出版公司，1959年版)，第333页。

③ O.W.安德森(与费尔德曼合著)：《家庭医疗成本和保险》(纽约：麦克格劳-希尔出版公司，1956年版)。

时,他们就有可能决定退出保险,在这种情况中便存在着潜在的逆向选择。保险人的行动可能使保险公司的客户中高风险客户所占的比例过高,从而使保险公司可能支付比预期要高的赔偿金额。当保险个人或者团体能够自由地选择购买或不买保险,能够自由选择保险金额和保险计划,自由选择继续维持保险或者中断保险时,逆向选择便会出现,或至少可能逆向选择。①

团体保险是美国医疗保险中最普遍的保险形式,它用于鉴别人们的健康状况,因为通常情况下,健康是被雇佣的一个先决条件。同时,这意味着保险公司自身的逆向选择行动可能使那些最需要保险的人轻易得到了保险。

医疗保险市场上逆向选择现象的出现为支持政府医疗保障方案的观点提供了一个主要的论据。② 通过成本收益分析,我们可以看出医疗保障是值得的,因为很有可能市场上所有的个人都希望付出一定的医疗保险的期望成本来购买保险,但却没有保险公司愿意出售保单,因为无论在哪一个价格水平上,保险合同的购买者中都会有太多的“柠檬”。从这一方面来看,对医疗保障方案的经济分析

---

① H. S. 丹尼伯格、R. D. 艾勒斯、G. W. 霍夫曼、C. A. 克兰、J. J. 梅隆和 H. W. 斯奈德:《风险与保险》(新泽西:普兰迪斯出版公司,1964 年版),第 446 页。

② 下面的引述仍然摘自一本保险教科书,它可以说明保险市场是远没有达到完全竞争的:

“……保险公司必须甄别它们的客户。确实,人们出于自身利益的考虑,自然而然地很愿意寻求全额保险。但是,在诸如事故险和健康险这类险种中,保险公司倾向于对那些没有通过代理直接向保险公司申请保险的顾客进行更细致的审查。”(F. J. 安杰尔《保险、理论与实践》,纽约:罗纳德出版公司,1957 年版,第 8～9 页。)

这表明保险并非是一种在完全公开的市场上出售的商品。

与平常我们关于政府利用公共支出建设马路的讨论是十分相似的。

3.2 少数民族就业

柠檬原则也可以用来解释少数民族的就业问题。雇主可能在某些职位上不愿意雇佣少数民族的职员。这种决策并非是带有成见或者歧视性的，而是追求利润最大化的结果。因为对于求职者的社会背景和工作能力，种族可以是一个很好的统计指标。

高质量的教育水平可以作为该统计指标的一个补充，教育系统通过区分学生来充当一个比其他表面上的特征更优越的显示器，正如舒尔茨所写的那样，“兴办教育能够发掘和培养潜在的天才，儿童和成年人的才能如果不经发掘和培养将不会被人知晓”。[①] 虽然一名未受过教育的工人可能会具有十分有价值的才能，但在公司决定雇佣他们之前，这些才能必须经过教育系统的证明。无论如何，这种起到证明作用的系统一定应该是可信的，贫民区学校的低的证明能力相应地低估了学生的经济潜力。

教育上的缺陷使已经是弱势群体的少数民族更加不利，因为难以区分少数民族中工作能力高和工作能力低的职员，雇主的理智选择就是在责任重大的岗位上不雇用少数民族的工人。这种决策早已清晰地反映在乔治・斯蒂格勒的思想中，他写道：“如果没有接受过教育，恩赖科・弗米可能只是个花匠，而冯・诺依曼则可能是商店里的一名检验员。”[②]

---

① T. W. 舒尔茨：《教育的经济价值》(纽约：哥伦比亚大学出版社，1964 年版)，第 42 页。

② G. J. 斯蒂格勒：《信息和劳动力市场》，载《政治经济学》，第 70 卷(1962 年 10 月)，附录，第 104 页。

无论如何,贫民区的学校的工作不仅可以使那里受教育的个人受益,而且可以通过提高人们的平均素质增加对整个社会群体的回报。仅从教育水平可以作为种族的附加信息这个角度来讲,人们是有动机接受教育的。

我们的另一个担忧是就业办公室一直使用成本效益分析来评估他们的项目的优劣,因为这种方法可能忽略许多外部性。对少数民族群体进行培训的好处在于它在提高个人素质的同时,也提高了整个群体的平均素质。同样,这种回报并不单单在个体间得到分配,而且还使整个群体受益。

3.3 欺骗性交易的成本

柠檬模型也可以用于解释欺骗性交易的成本。设想市场上货物买卖或是诚实地进行的或是带有欺骗性地进行的,即质量可能被真实地标记,也可能被虚假地标记。买者的困难当然是确认质量。那些在市场上提供次品的人就像汽车市场上的柠檬一样会使整个市场瓦解。这种可能性构成了欺骗性交易的成本,即欺骗性交易将诚实的交易者逐出了市场。市场上原本可能有买主想购买高质量的商品,而且有卖主愿意在一个适当的价格范围内出售该种商品,但是,正是由于出现了一些蓄意以次充好进行欺骗性交易的人,使得合法的诚实交易者被驱逐出了市场。因此,欺骗性交易的成本不仅包括买者被骗取的部分,还应包括正常交易不复存在所带来的损失。

在不发达国家,欺骗性交易是个严重的问题。我们的模型对这一点进行了可能的解释,并且对经济的外部性给予了论述。尤其是,在我们描述的经济模型中,欺骗行为或者说对汽车质量的误导性说明耗费了每单位汽车 1/2 的效用。进一步讲，这种行为使汽车市场的规模从 N 缩减到 0，这样，我们可以直接估计欺骗的成本，这至少在理论上讲是行得通的。

有大量的证据可以证明，在不发达地区商品的质量差异要比在发达地区大。对于这一点，我们可以从对出口质量控制和国家间贸易合作的需要来衡量。例如，在印度，在《1963 出口监督与控制法案》的规范下，“大约有 85％的印度出口产品要接受一种质量控制”。① 在印度的地方集市上购买的稻米，主妇们必须仔细地从中挑出那些与米粒颜色相同，被蓄意添加在稻米中的石粒。而对美国的街边集市的商品和大型超市的商品进行比较后，我们不难发现，与西方国家相比，在东方国家市场上质量的差异更是个大问题。

在传统的发展模式中，前工业时期的那一代商人成了工业化国家的第一批企业家。有记载的最好例子是日本，②并且这一道理也适用于英国和美国。③ 在此，我们把能够识别商品质量看成是商人们的一项重要的本领。在柠檬模型中，那些可以识别汽车质量的人可以通过两类交易者间的买卖差价来获利，这些人就是商人。在生产领域，这种技能同样重要，它被用来鉴别投入品的质量，保证产出品的质量。这就是商人为何理所当然地成为第一批企业家的原因之一。

当然，企业家是一种稀缺资源。没有一个国家发展的历史能

---

① 《印度时代》，1967 年 10 月，第 1 页。

② 见库茨涅茨等编：《经济增长：巴西，印度，日本》，M. J. 利维：《中国和日本的现代化进程比较》（德拉姆：杜克大学出版社，1955 年版）。

③ C. P. 金德尔伯格：《经济发展》（纽约：麦克格劳-希尔出版公司，1958 年版），第 86 页。

够缺少对企业家的重视,而且还有一些国家的发展是以企业家为中心的。[①] 如果缺乏企业家,产品的差异性将从以下两方面影响到经济发展:第一,对于潜在的企业家阶层,进行倒卖的利润过高将使他们远离生产领域;第二,每单位产出所占用的企业家的时间越多,那么,产品的质量差异就会越大。

3.4 不发达国家的信贷市场

首先,不发达国家的信贷市场也充分反映了柠檬原则。在印度,绝大部分的工业企业被代管公司控制着。最近的一项调查显示,这些“代管公司”控制着公共有限责任公司资本净值的65.7%和资产总值的66%。[②] 下面是一位历史学者对这种“代管公司体系”的起源和运作所作的叙述。

> 南亚的商业活动仍然保持着商人家族式的运营,其中存在一种特殊的组织机构被称为代管公司。新企业(如一个制造厂、一个种植园或一个贸易公司)发起时,发起者会与代管公司接触。发起者可能是印度人或者英国人,他们可能拥有技术、金融资源或者特许权。但无论在哪种情况下,他们都要与代管公司联系,因为代管公司的信誉可以给公司的经营带来信心和充足的投资。[③]

① 例如,见阿瑟·刘易斯:《经济增长理论》(霍姆伍德,Ill:欧文出版公司,1955年版),第196页。

② 印度政府计划委员会:《收入分配和生活水平委员会的报告》,第一部分,1964年2月,第44页。

③ H.廷克:《南亚简史》(纽约:普力格出版公司,1966年版),第134页。

印度工业活动的第二个主要特征是这种代管公司被世袭的群体控制着，或者更准确地讲被同族的群体控制着，因而众多的公司可以按照种族的血统进行划分。① 在这种情况下，外部投资者的投资很有可能被诈骗。因此，这种公司只可能通过两种方式运行：(1)公司建立起了诚实交易的声誉，当它们提供的服务的供给有限时，这种声誉可以给它们带来垄断租金；(2)虽然此时它们的金融资源有限，但是，它们可以借助种族的关系网，也可能是家庭的关系网在族内从事诚实交易。确实，在印度的经济史中，想要辨别那些富裕地主的存款是否应该投资到工业领域是十分困难的，一是因为他们害怕将资金投到由其他种族控制的公司，二是因为他们

① 下面的表格显示了公司被不同种族控制的基本情况，只有很小比重的公司被不同种族混合地控制着。资料来源：M. M. 梅塔：《印度工业结构》(孟买通俗读物书局，1955 年版)，第 314 页。

	工业企业控制权在不同种族间的分布		
	工 厂 数 目		
	1911 年	1931 年	1951 年
英国人	281	416	382
法国人	15	25	19
古加特人	3	11	17
犹太人	5	9	3
穆斯林	—	10	3
孟加拉人	8	5	20
玛瓦人	—	6	96
混合控制	28	28	79
总数	340	510	619

关于棉花产业的情况可以参见 H. 福库扎瓦的：《棉花工业》一文，出自 V. B. 辛格编辑的《印度历史 1857～1956》一书(孟买：出版商联合会，1965 年版)。

具有强烈的消费倾向,三是因为回报率很低。[①] 但是,至少显而易见的是,英国人拥有的代管公司资本净值的持有者比印度人的代管公司具有更大的种族上的多样性,并且经常既包括英国人也包括印度人。

其次,第二个逆向选择机制的例子是关于地方性的放贷者向借款人索要过高利率的问题。在印度,这种高利率已经成为人们无法拥有土地的首要原因,被称作“合作行动”的运动试图通过建立银行的方法与地方性的放贷者竞争来对付这种人们无法拥有土地的情况。[②] 当位于中心城市的大银行索要 6%、8%和 10%的优

---

① 相关的工业数据参见 D. H. 布坎南:《印度资本主义企业的发展》(纽约:凯利出版公司,1966 年第二次印刷)。

② 这方面的权威是马尔科姆·达林,参见其:《盘加布农民的繁荣和负债情况》。下表可以给我们一些启发:

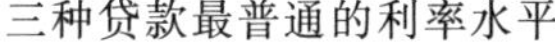
三种贷款最普通的利率水平

	有担保贷款(%)	无担保贷款(%)	谷物贷款(%)
盘加布	6~12	12~24(通常是 18 3/4)	25
联合省份	9~12	24~37 1/2	25(在奥德是 50)
比哈尔		18 3/4	50
奥里萨	12~18 3/4	25	25
孟加拉	8~12	9~18(对“值得尊敬的客户”)	
		18 3/4~37 1/2(对普通的农耕者)	
中心省份	6~12	15(对所有者)	25
		24(对租赁经营者)	
		37 1/2(对没有转让权的佃户)	
孟买	9~12	12~25(通常是 18)	
新德		36	
马德拉斯	12	15~18(在无担保贷款中该比率偶尔为 24)	20~50

资料来源:《盘加布农民的繁荣和负债情况》第 3 版,牛津大学出版社,1982 年,第 190 页。

惠贷款利率时，地方性放贷者却索要15%、25%甚至是50%的利率。这个看似矛盾的问题的答案在于放贷者方面，只有当他们(1)觉得合同容易被履行时，或者(2)了解借贷者的个人信息时，才愿意贷款给借贷者。那些试图通过地方性借贷者与大银行间的利率差套利的中间人，很有可能由于吸引了过多的“柠檬”而遭受损失。

我们也可以从马尔科姆·达林对乡村放贷者的势力的解释中理解上述观点：

> 印度小乡村的放贷者往往是众多不节俭人中的节俭者。虽然从现代的观点看，他做生意的套路是十分混乱的，但这种套路却十分适合那些随遇而安的农民。他全天候地做生意，省略了那些烦琐的正式程序，从不向借贷者提出不适宜的问题，从而提高了效率，并且，只要借款人支付了利息，他们就不会追要本金。他与顾客保持着良好的接触，在许多村庄，放贷者会与顾客们分担他们的幸运与不幸。有了这些详细的关于他身边借款者的资料，他就能够进行低风险的投资，而他不会借款给那些他根本不了解的借款人。①

再来看一下巴巴拉·沃德的论述：

> 香港小渔村的小店主告诉我：“我只借钱给那些定期停靠这里的人。除非我了解借款人的所有情况，否则我将考虑再三。”②

① 达林：《盘加布农民的繁荣和负债情况》，第204页。

② B. 沃德：《现金和借贷》，载《经济发展和文化变迁》，第8卷(1960年1月)，重印于G. 福斯特等编的《农民社会：一位读者》(波士顿：小布朗公司，1967年版)，引用于第142页。在同一卷中，参见G. W. 斯金纳：《中国农村的市场和社会结构》，S. W. 明茨：《海地人之间的经济关系》。

在伊朗,每个轧棉公司都是以市场利率向德黑兰的银行申请一系列贷款的,因此,轧棉行业的一个十分有利可图的副业就是为下一季的生产放贷。但是,放贷者可能在开始的几年里由于存在无法偿还的债务而遭受损失,因为此时他们对当地借贷者的情况还不甚了解。①

4. 抵消性规则

许多规则可以用于抵消质量不确定性的影响。一个很明显的规则就是保证书。大多数的耐用消费品附带保证书以向买者保证产品具有某些预期的质量。我们模型的一个自然结果就是卖方承担了风险而不是买方。

作为例子的可以抵消质量不确定性影响的第二个规则是名牌产品。品牌不仅可以显示产品的质量,而且可以在产品质量与预期不符时向消费者提供一种报复的手段,即消费者可以削减未来的消费。新产品也经常与老品牌相关联,因此,品牌也可以向它的未来的消费者保证产品的质量。

连锁经营如连锁旅店和连锁餐厅也与品牌具有相同的作用。对连锁餐厅的观察可以验证我们的论述。至少在美国,这些连锁餐厅会经常出现在城市间的高速公路上。它们的顾客很少是本地人,理由是这些远近闻名的连锁店出售的汉堡包按理说应该比普通餐馆的更好。同时,那些熟知本地区的当地人通常会选择他乐

① 与工厂经理的私人谈话,1968 年 4 月。

于前往的餐厅就餐。

许可制度也可以减少质量的不确定性。例如,医师许可证、律师许可证、理发师许可证等。大多数的技术型劳动者都持有某种可以显示其已经达到某一熟练程度的证明,从某种程度上讲,高中文凭、学士学位、博士学位,甚至是诺贝尔奖也承担着这种证明的作用。同时,教育和劳动力市场本身也具有它们自己的品牌。

5. 结论

在我们已经讨论的经济模型中,"诚信"是非常重要的。非正式的非书面保证是交易和生产正常进行的先决条件。正如经我们推广的格莱辛定律所显示的那样,在上述保证不确定的情形下,商业运行将遇到困难。在囚犯难题中,不确定性的这个方面已经被博弈论研究者们探讨过了,但是,通常的研究并没有将其与不确定性在传统的阿罗-德布鲁方法的框架下联系起来。[①] 然而,区分高质量和低质量的困难是商业交易中存在的固有问题,这可以解释许多经济规则,事实上,它是不确定性问题中更加重要的一个方面。

---

① 罗伊·拉德纳:《不确定性条件下的定期付款与现金交易市场的均衡》,载《经济计量学杂志》,1976 年 11 月第 12 卷。巴黎:法国国家科研中心。

劳动力市场的信号发送*

迈克尔·斯彭斯

1. 引言

确切地说,“市场信号发送”这一词并不属于经济学家精确定义的专业词汇。因此,作为引言的一部分,我认为有必要给读者解释一下这个名称。然而,我觉得要从这篇文章的内容上对该词含义概括出一个连贯且完整的解释并非易事。事实上,我的目的之一就是概括出一个没有明确定义的信号发送模型,并且解释为什么我们能够并且应该对它感兴趣。可以准确地把我的问题描述为正在发送信号的问题,而在不确定情况下面临投资决策的读者的

* 本文是在我的博士论文《劳动力市场信号发送:劳动力市场的信息结构及相关现象》(哈佛大学博士论文,1972年)基础上完成的。该博士论文即将作为哈佛经济学习丛书之一由哈佛大学出版社出版,书名为《市场信号:雇佣及相关甄别过程中的信息传递》。本文的目的是为读者提供市场信号模型的主要观点及其结论,其中的解释性例子可以进一步参考上面的著作和其他相关资料。

我要感谢许多人对我目前研究给予的帮助,由于他们太多而无法一一列举,然而,我应特别感谢肯尼思·阿罗和托马斯·谢林对我的慷慨帮助,长期以来,他们都在指引我注意新出现的有趣的问题。

问题就是解释信号的问题。

读者如何理解我对这篇文章内容的叙述要看他对我在市场上出现的预期。如果他认为我将会在论文市场上反复出现,那么读者和我将要考虑这样一种可能性,即我是否会通过现在准确地叙述我的文章内容来对我未来的声誉投资。相反,如果我在论文市场上只出现一次,或者说相对不频繁,那么,上述可能性出现的概率就很小。这篇论文写的就是产生信号发送的市场,而且,在此市场上初始发送信号者相对众多且出现次数足够稀少,这样就不可能期望他们会为获取信号发送的声誉而投资,因而也不会投资。

我认为具有这种信息结构的市场范例是劳动力市场,因此,我将讨论集中在这个方面。虽然有限的篇幅使我们不能进一步讨论,但我希望读者最后能够明白,不少市场或准市场现象,如录取程序、组织中的晋升、贷款和消费者信贷等,都可以通过应用于劳动市场的“市场信号”概念进行解释。

如果用传统的信号发送系统报告任何事情时说真话的激励很小,那么,就必须寻找其他能够使信息发生传递的方法。我的目标就是要勾画出一套观念上的框架,通过这个框架可以确定教育、工作经验、种族、性别,以及其他很多看得见的个人特征的信号发送能力。粗略地讲,我的问题是,在相互作用的市场结构中究竟如何解释这些潜在信号的信息内容。论述的重点将主要集中在以下三个方面:(1)信号发送均衡的定义和性质;(2)潜在信号的相互作用;(3)市场的分配效率。

2. 不确定情况下作为投资的雇佣活动

在大多数劳动力市场上,当雇主雇佣一个人时,对他的生产能力并没有把握。[①] 即使雇佣后，雇主也不是必然能马上知道新员工的生产能力。员工适应新工作可能要花一些时间，经常还需要接受具体培训。而且，在合同期内，也不允许重新制定合同。一段时间之后，雇主才能知道员工的生产能力，这一事实意味着雇佣是一种投资决策。由于事先不知道员工的生产能力，这种决策就处于不确定情况之下。

因此，要雇佣某个人，经常就像买彩票一样。[②] 接下来，我要假定雇主付给员工的工资相当于一定彩票的货币等量物。[③] 如果他是风险中性的，那么，工资等于员工对雇佣组织的边际贡献。

我们的主要兴趣在于雇主如何看待这些彩票，因为正是这些看法决定了他所付的工资。我们已经规定，在雇佣之前雇主不能直接观察到边际生产力。他所看到的是以看得见的个人特征和品行表现出来的诸多个人资料，而正是这些资料必须最终决定他对所买彩票的评价，员工表现出来的特征包括教育、工作履历、种族、性别、犯罪和服务纪录以及其他的众多资料。本文讨论的是内生的市场过程，借此过程，雇主需要（且个人传递）关于潜在雇员的信息，这些信息最后决定了有关雇佣的暗含的彩票，即所付的工资，以及最终在市场上的工作分配情况。

在这点上，我要介绍一个有用的区分，读者很快就会明白这个

---

① 当然，劳动力市场还存在其他的信息缺陷。正如雇主对求职者的信息不完全一样，求职者对于工作质量和工作环境的信息也不完全。换一种说法就是，潜在雇员和雇主都不了解市场上的所有人。这就导致求职和招聘活动。在这篇文章中，我集中讨论雇主面临的不确定性及由此产生的信号发送博弈。

② “彩票”这一词指的是专业上的意义，这一意义是由决策理论所赋予的。

③ 一定的彩票的货币等量物是指个人能确定得到的代替彩票的数量。一般说来，它比彩票的实际价值要少。

区分的内涵。在那些共同构成求职者形象的看得见的个人特性中,有些是永远固定的,而有些是可变的。例如,教育是个人能够以时间和金钱作为成本投资的,但是,种族和性别一般被认为是不可变的。我把那些看得见的不变特性作为指标,把个人可以控制的看得见的特征继续叫做信号。[①] 有些特性,像年龄确实在变化,但个人并无法控制。按照我的定义,这些是指标。

在雇佣一个人后,雇主会在某个时候得知他的生产能力。根据以前市场上的经验,假如有各种各样的信号和指标组合,雇主将会对员工的生产能力进行条件概率的评定。在任何时间点上,当遇到具有某些可见特性的求职者时,雇主就会对他面前的"彩票"进行主观评价,而这种评价是由新资料对应的这些生产能力的条件概率分布决定的。

因此,从某个方面讲,在决定雇主信念的变化着的条件概率分布中,信号和指标都被看作是参数。[②]

3. 求职者发送信号

为简单起见,我假定雇主是风险中性的。对于面临的每一个信号和指标组合,他对具有这些可见特性的人都有一个期望的边

---

① 术语的区分是从罗伯特·杰维斯:《国际关系中的形象逻辑学》(新泽西,普林斯顿大学出版社,1970)中借用的。我严格模仿杰维斯使用的这些术语,以保证它们能融入本文中。

② 当获得的新的市场资料和条件概率被更改或更新时,概率分布就会发生改变,市场中的雇佣被当作抽样。随着时间的推移,条件概率不断得到修正,整个过程构成了雇主的一个学习过程。

际产品。这就是雇主付给具有这些特征的求职者的工资。因此，潜在的雇员就面临一个给定的工资表，而制定这张表的依据就是信号和指标。

求职者无法影响自身的指标，但可以改变信号，因此，信号也就潜在地由求职者来控制。诚然，调整信号可能是有成本的，如教育就是昂贵的。我们把这些成本称作信号成本。请注意，一个人在获得教育时，不必认为他自己在发送信号。如果像给定的工资表中确定的那样有足够的收益的话，他就会在教育上投资。[①] 因此，可以认为个人选择信号（通常我会说成是教育），以使给定工资和信号成本的差最大。在这种信号传递中，信号成本起着关键作用，因为在作用上，它以一种可说明信号传递可靠性的评价取代了那些相关的间接成本和收益，而这种评价只有那些劳动力市场上更优秀的求职者才能获得。

一个重要假设

不难看出，只有信号成本与生产能力呈负相关时，求职者才能被信号有效地区分开来，原因在于如果这个条件不成立，根据给定的工资表，每个人都会以完全同样的方式在教育上投资，这样，就不可能根据信号来区分求职者了。接下来，我们假定信号成本与生产能力负相关，诚然，最恰当的是把它看作是一个将在市场上长期作为信号成为可见的可变特征的前提条件。这就意味着在其他

① 教育可能有其他的收益。这可能是作为除工作潜力外（比如地位）的信号而得到的对物品或服务的消费。这些收益应该加到给定的工资表中。

事情中对于某些类型的工作，某个特征可能是信号，但对于其他工作而言则可能不是信号。①

信号发送成本应该从广义上理解，除直接的金钱成本外，还包括精神上的和其他成本。例如，其中一种成本就是时间。

4. 信息反馈与均衡定义

随着时间的推移，雇主会得到信息反馈，这一点可能是明显的。通过雇佣和随后观察涉及信号的生产能力，雇主得到新的市场信息后，就会调整他的条件概率信念，然后，开始新的一轮的评价。一般情况下，市场上新进入者面临的工资表与原先进入者是不同的。图1说明了反馈系统中的各要素。

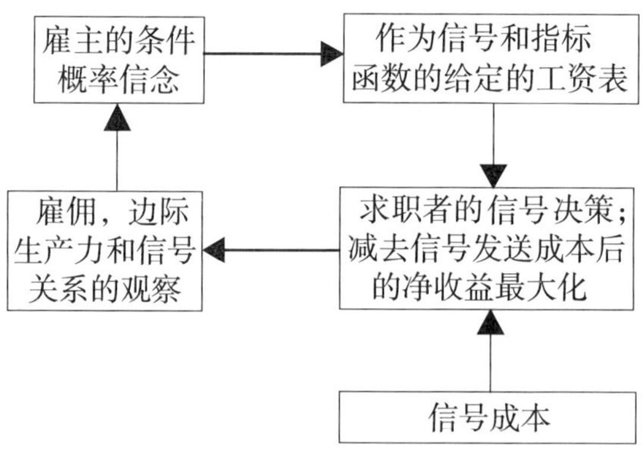

图1 劳动力市场上的信息反馈

① 原因是信号发送成本可能与一种生产能力负相关，但与另外一种可能就不是负相关了。

应该找出一种方法来研究市场上随时间变化的这个反馈系统。要避免研究不断变化的系统，寻找一个长期的结构是有益的。如果雇主开始的条件概率信念在一轮过后没有被其产生的数据证明不成立，那么，系统就是静止的。我们把这些信念称为自我肯定型。图 1 显示的反馈系统已经阐明了这种自我肯定的意义。

一个信号发送均衡

当新的求职者连续不断地涌入市场时，我们可以想象围绕这个反馈系统存在不断的循环。雇主修改他们的条件概率信念，随着信号选择，有关的求职者不断调整行为，而且雇佣后，雇主又得到新的资料。因此，每个循环产生了下一轮循环。考虑这个循环时，我们可以在任何一点上解释它。均衡是自我更新的循环中的一组成分。我们可以认为雇主的信念是自我肯定的，或者给定工资表是自我更新的，或者是求职者行为在下一轮中的自我更新。①

我觉得最有用的是考虑雇主信念自我肯定的方面，因为雇主在市场上的长期存在提供了连续性。② 因此，在这些条件下，均衡可以看作以下要素的组合：产生给定工资表的雇主信念、求职者的信号发送决策、雇佣以及一段时间后与最初信念一致的新的市场数据。

下面进一步分析均衡的定义。假如有一个给定的工资表，可

① 在研究信号发送均衡的特点时，我们将选择任何便于分析的事物作为更新对象，但通常我们选的是雇主信念或给定的工资表。

② 熟悉数学的人会认识到这里引起争议的是一个不动点的性质。给定信号生产能力的条件分布空间图是由市场反馈机制决定的。均衡可以看作是这张图上的一个不动点，前面提及的斯彭斯书中对此做了数学处理。

以认为通过个人最优化决策，市场能产生一个经验主义的对于可见特性或信号(和指标)的生产能力分布。然而，雇主已经主观地对给定信号的生产能力形成了条件概率信念。在均衡条件下，对于雇主实际观测到的各种信号，主观分布和市场机制暗含的分布是相似的。① 由于雇主在市场上的长期存在，其他任何主观信念最终会在市场上被证明不成立。

指标仍然是相关的，但因为它们不能由个人选择，我在刚才描述的反馈系统中没有提及它们。后面我会返回来谈到它们。

5. 信息均衡的特点：一个例子

我打算通过一个具体的形式化例子来讨论市场信号发送均衡的存在和特点，②并且，暂时不涉及指标问题。在这个例子中，我们讨论的信号均衡特点具有普遍性。③

假定在雇主面对的求职者中，恰好分成两个生产能力不同的组别。第一组成员的生产能力是1，第二组成员的生产能力是2。④第一组占总人数的比例为q_1，第二组就是$1-q_1$。此外，还有一个

① 在一个多市场模型中存在这样的可能性，即某些类型的潜在求职者会理性地离开某些劳动力市场，因此，某些信号结构可能永远不会在这些市场上出现。当这种情况发生时，雇主在相关市场上的信念并没有以退化的方式被证明不成立。雇主得不到任何这方面的资料，这就增加了长期以信息为根据的对某些群体歧视的可能性。我在这篇文章中会详细讨论这个问题。

② 很明显，一个例子并不能证明其普遍性，但这个例子确实说明了信号均衡的某些重要特点。

③ 参见前面提及的斯彭斯的著作。

④ 对于生产能力，读者可能理解为"个人对雇主的价值"。这里不必依赖于边际生产力。

潜在的信号，如教育等，成员在付出一定成本后就能得到信号。假定教育由一个水平指标 y 和成绩衡量，且能由个人进行选择。教育成本既有金钱上的也有精神上的。对于第一组成员来说，假设 y 单位教育的成本是 y，对第二组成员来说成本则是 $y/2$。表 1 总结了这个形式化例子中的解释性数据。

表 1　模型数据

组别	边际产品	人数比例	y 水平教育的成本
1	1	q_1	y
2	2	$1-q_1$	$y/2$

要在市场上找到一个均衡，我们推测一组雇主自我肯定的条件概率信念，然后看它们事实上能否由上述反馈机制证实。假定雇主相信存在某一水平的教育，比如说为 y^*，如果 $y<y^*$，那么，生产能力是 1，概率为 1；如果 $y \geq y^*$，则生产能力是 2，概率为 1。如果这是他的条件信念，那么，他的给定工资 $W(y)$ 就如图 2 所示。

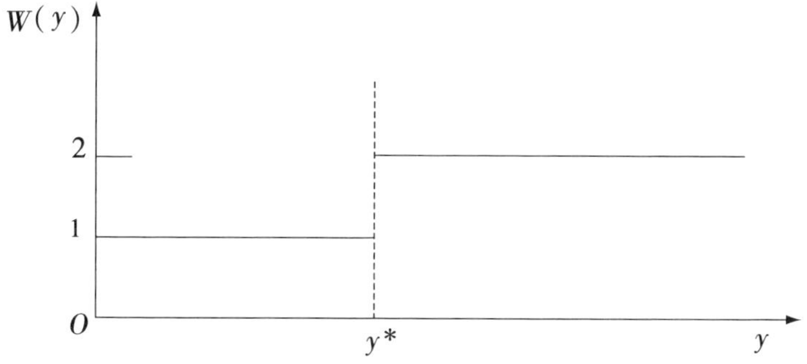

图 2　作为教育水平函数的给定工资

根据给定的工资表，每组成员都会选择最优的教育水平。先考虑把教育水平设为 $y<y^*$ 的人。如果他这样做，那么，我们知

道他会定在 $y=0$ 上，因为教育是昂贵的，在他达到 y^* 之前，按照雇主的假定信念，提高 y 没有任何收益。同样，任何把教育水平设为 $y \geqslant y^*$ 的人实际上会定在 $y=y^*$ 上，因为进一步增加教育只会增加成本而不会有相应的收益。因此，每个人都会把教育水平定为 $y=0$ 或 $y=y^*$。根据雇主的最初信念和刚才推出的事实，如果雇主的信念要得到证实，那么，第一组的成员必须定为 $y=0$，第二组的成员定为 $y=y^*$。两组面临的选择如图 3 所示。

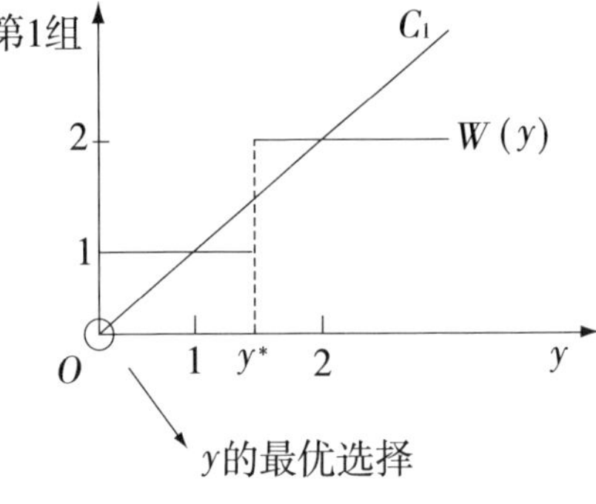

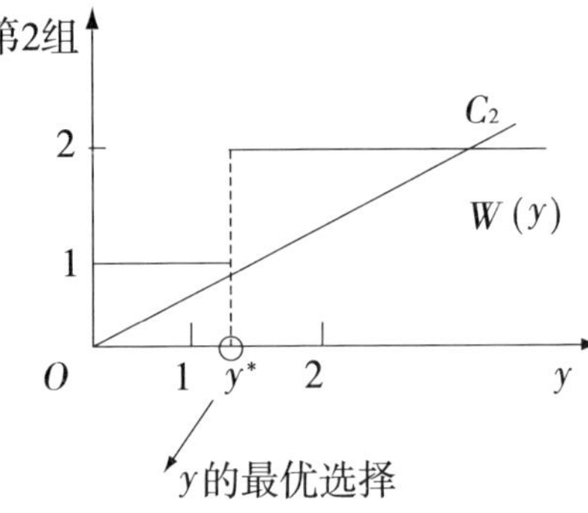

图 3　两组成员的教育最优化选择

置于工资线之上的是两组的成本线。每一组选择 y 点以使给定的工资和教育成本之间的差最大。给定了表格中的水平 y^*，很容易看出第一组选择 $y=0$，而第二组选择 $y=y^*$。因此，在这种情况下，雇主的信念得以肯定，我们也有了一个信号发送均衡。要使雇主的信念得以肯定，我们以几何方式说明两组的行为条件：

如果 $1>2-y^*$，那么，第一组选择 $y=0$

如果 $2-y^*/2>1$，那么，第二组会选择 $y=y^*$

把这两个条件合在一起，我们会发现如果参数 y^* 满足不等式 $1<y^*<2$，雇主的初始信念就可以由市场经验来肯定。

在这里，有必要集中讨论这种均衡的一些主要特征，其中的一个特征是在以上使用的这类雇主期望中，有无限个可能的均衡值 y^*，这意味着有无限个均衡。在任何一个均衡中，雇主在掌握求职者的教育水平后，就能够对他的生产能力进行理想的点预测。读者会意识到这种性质比较特殊，而且它至少部分地建立在教育成本与生产能力负相关的假设上。然而，即使在这种情况下，也有雇主在其中取得不确定的均衡，稍后我们就能看到这种情况。

这种均衡与从福利角度来看的均衡是不同的。提高水平 y^* 使第二组受损，但同时第一组的成员不受影响。第一组比它在完全无信号发送的情况下恶化了，因为如果没有任何信号发生，每个人的工资相当于其无条件预期的边际产品，即

$$q_1+2(1-q_1)=2-q_1$$

第二组可能也比没有信号发送的情况下恶化了。假定第一组人数的比例是 0.5。既然 $y^*>1$，且第二组成员的净收入是 $2-y^*/2$，在均衡条件下，他的净收入必定低于无信号工资 1.5。因此，每个人都倾向于没有信号的情况。

每个人都是理性人。合作可能有利地形成或扰乱信号发送均衡。[①] 开始时两组人数的比例 q_1 和 $1-q_1$ 对均衡没有影响。但这个结论成立要靠这样一个假设，即在给定组中个人边际生产力不影响全组中被雇佣的人数。

根据信号发送均衡，决定均衡的教育水平 y^* 是高薪工作的进

① 改变信号发送模式的联合在上面所引的斯彭斯的书中有所讨论。

入要求或先决条件，或者从表面上看是这样的。从个人角度看，这是信号发送博弈实现均衡的先决条件。从表面上看，教育可能是富有成效的，它对个人来说是有益的，但在这个例子中，教育根本没有提高他的真实的边际产品。①

对于私人和社会收益可能不适合于这个说法，并可能出现有说服力的反对意见，因为在我们的例子中，社会收益并不真正为零。现实社会中有信息问题，还有把合适的人分配到合适的工作岗位上的问题。从作用上讲，教育作为模型中的信号确实有助于我们正确地做这些事情。这个反对意见是很有根据的。要确定这个系统的有效或无效程度，我们必须考虑到社会上除市场分类程序之外的其他现实选择。② 但要注意，即使是在市场模型的范围之内，也多少有些有效的途径能完成分类过程。增加 y^* 丝毫都不会提高分类的质量，只是耗尽了实际的和精神的资源，这是市场上存在帕累托次优信号发送均衡的另一种说法。

并不是所有的人都因为存在信号发送而遭受损失。例如，如果在信号发送均衡中，$y^* < 2q_1$，当教育作为信号有效地发挥作用时，第二组的条件就会比在其他情况下改善。因此，在我们的例子中，如果 $q_1 > 1/2$ 而使第二组成为少数群体时，就存在一种信号均衡，在这种均衡中，第二组成员的处境将比没有信号发送时更好。如前所述，没有信号时两组的工资均是 $2 - q_1$。

① 在这里，我忽略了教育的外部收益。这个结论是仅在此例中，教育没有提高生产能力。可能仍有人认为社会成本并不为零。基本上，信号成本函数确实符合作为消费物品教育的函数，结果只是减少了教育成本。

② 这个问题在上面提及的斯彭斯的著作中有所讨论。

我们可对上述分析稍加总结。假设第一组的信号成本给定为 $a_1 y$，第二组是 $a_2 y$。[①] 那么，稍作计算后，我们就得到在 $q_1 > a_2/a_1$ 的情况下存在一个信号发送均衡，它使第二组的处境比无信号发送时更好。[②] 第二组“少数”要小到什么数量才有可能从信号发送中受益，这要取决于两组信号发送边际成本的比率。[③]

在讨论完教育信号发送模型之后，应注意系统中存在着其他性质完全不同的均衡。假定雇主的期望是以下形式：

如果 $y < y^*$：第一组概率为 q_1，

第二组概率为 $1 - q_1$；

如果 $y \geqslant y^*$：第二组概率为 1。

如前所述，可获得来供选择的 y 水平是 $y=0$ 和 $y=y^*$。$y=0$ 的工资是 $2-q_1$，$y=y^*$ 的工资只是 2。从图 4 中很容易看出假定 $y^* > 2q_1$，两组都会理性地设为 $y=0$。如果两组都这样做，那么，雇主的信念就得到了证实，我们也就有了一个均衡状态。

应当注意到，当 $y \geqslant y^*$ 时，雇主的生产能力与教育之间关系

① 这里假定 $a_2 < a_1$。

② 注意，这个观点认为存在一个使第二组状况改善的信号发送均衡，但同时也还存在一个使第二组状况恶化的信号发送均衡。

③ 这个计算并不难。根据这些信号成本，如果 $1 > 2 - a_1 y^*$，且 $2 - a_2 y^* > 1$，那么，各组会进行必要的能肯定雇主信念的选择。以上不等式可以很容易地转化为以下 y^* 的条件：

$$1/a_2 < y^* < 1/a_1$$

现在，如果第二组要改善在某些信号均衡下的状况，那么

$$2 - a_2/a_1 > 2 - q_1$$

或者

$$q_1 > a_2/a_1$$

这就是我们要说明的结果。

的信念在一种有些消极但完全值得接受的意义上得到了肯定。没有与这些教育水平相关的资料，因此从逻辑上来说，也就没有证明其不成立的资料。这是一个具有广泛的潜在意义的例子，雇主的信念可能会驱使一些群体从一个劳动力市场到另一个市场。在简单的一个雇主、一个市场的模型中，我们得不到这种情况，但是当它发生时，雇主也无法通过经验来改变信念。[①]

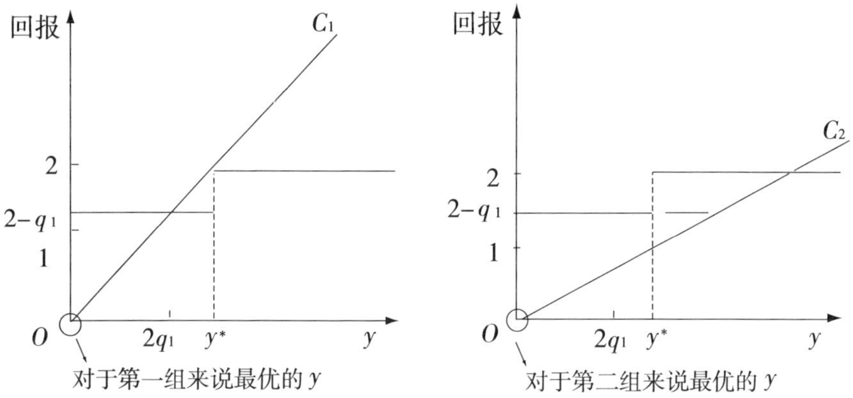

图 4　两组成员的最优化信号发送决策

在这种均衡中，教育不传递任何信息。实际上，我们复制了无信号发送模型中的工资和雇主信息状况，作为信号发送均衡。

正如存在着使每个人都定为 $y=0$ 的信号发送均衡一样，也存在使每个人定为 $y=y^*$（$y^*>0$）的均衡。雇主必须具备的信念如下所示：

如果 $y<y^*$：第一组概率为 1，

① 这点在上面提及的斯彭斯著作中有详细的讨论。

如果 $y \geqslant y^*$：第一组概率为 q_1；

第二组概率为 $1-q_1$。

根据我们熟悉的分析模型，可以发现如果 $y^* < 1-q_1$，这些信念是自我肯定的。教育水平又一次没有传递任何有用信息，但在这种情况下，个人仍然在教育上理性地投资。如果他们作为个人不投资，他们就得到低工资，而且损失也会超过不进行教育投资的收益。这种信号均衡的内在含义是：可能存在一种稳定的寻找工作的前提条件，这种前提条件本身不传递任何信息，因此也没有任何作用。

有趣的是，最后这个可能性似乎丝毫不取决于与生产能力相关的成本。假定两组的信号发送成本都由一个工资表 y 给出，而且进一步假定雇主的信念像上面描述的一样，那么，如果 $y^* < 1-q_1$，则每个人都会理性地选择 $y=y^*$，结果是一样的。但有趣的是因为教育成本与生产能力之间没有任何相关性，在这个市场的均衡中，从传递有用信息的意义讲，教育从未能够成为一个有效的信号。

我们对这个模型的细节已经描述得够多了，足以来讨论信号发送博弈对于市场分配功能的可能影响。数量上的例子不重要，重要的是潜在影响和信号模式。

如果信号成本与个人的未知生产能力呈负相关，可变特征如教育作为潜在信号，就成了实际信号。实际上，负相关是信号发生必要的却非充分的条件。要在此模型的背景中看到这点，假定 y 所能取到的值只有 1 和 3。这就是说，一个人只能一次得到几个单位的教育。如果这点成立，那么，就不存在一个可行的 y^* 值，使第二组认为值得去获得教育。三个单位的教育太多,但一个单位的教育又不能把第一组和第二组区别开。因此,有效的信号不仅取决于成本与生产能力的负相关关系,也取决于在适当的成本范围内存在“足够”数量的信号。①

均衡是在一个反馈系统的背景下定义的,在这个系统中,雇主期望产生不同水平教育的给定工资。雇佣后,样本中发现的教育与生产能力的实际关系导致期望和信念发生改变。这里又开始了循环,最适当的是把均衡看作一组在上述循环结束时,被新资料肯定或者至少没有被推翻的信念。当市场上的新进入者涌入时,这些信念将会持续下去。

另一种不同的可能性是多重均衡,其中有些可能比另外一些帕累托次优。教育的私人收益和社会收益是分开的,有时候,由于信号发送的存在,每个人都受损,其他情况下,有些人受损,有些人得利。因为市场均衡结构中主观因素的存在,系统性的过多的教育投资也是有可能的。在个体行为的情况下(我们已经假定到这种程度),每个人都对市场情况做出理性反应。信息通过教育信号传递给雇主。在我们的一些例子中,信息是完全的;在其他情况下,则是不完全信息。在使雇主无法完全区分不同生产能力的个人的信号发送成本中,将会存在随机变化。

在我们的例子中,教育是由标量来计算的。如果对概念性陈

① 这点在上面提及的斯彭斯著作中有详细的讨论。有人认为在信贷市场上一些潜在信号事实上成了指标,因为“信号发送”成本超过了收益,原本可以控制的特征实际上并不能操纵。房屋所有权就是这样一个潜在的信号例子,在信贷市场中,它变成了指标。

述不作根本调整，我们可以把教育看作是一个多维数量：教育年数、学习的院校、成绩、求职推荐信等等。类似地，也没有必要非分成两组人来考虑不可。可能会有多个组，或者甚至是个连续系列，即有些人适合某些类型的工作，另外的适合其他类型的工作。教育也不必完全地没有收益，但是，如果它相对于成本来说收益太显著，每个人都会大量在教育上投资，这样教育就可能不再起信号发送的作用。

6. 指标的信息影响

在教育信号发送模型中，我们回避考虑除教育之外的任何看得见的特征。在该模型中，教育是一个信号，这里，我们考虑指标的作用。具体来说，我把性别作为例子，但正如第一个模型中教育可以代表任何看得见的可变特征的组合那样，性别在这里也可以代表看得见的不可变特征的组合，读者也可能愿意用种族、国籍、体形、犯罪或警方记录，或服务记录作为指标来研究。后者是个人历史的潜在的公共信息，从现在回顾的角度来看当然是不可变的。①

假设有一组女性和一组男性，我把这两组分别称为 W 和 M。在每一组内，生产能力的分布和信号发送成本的影响程度是相同的，因此，在 M 组内，生产能力为 1 且信号发送成本为 y 的人所占的比例是 q_1，其余的人生产能力为 2，且信号发送成本为 $y/2$。W 组也是这样。这里，m 是男性在总求职者人数中所占的比重。

① 这是或者应该是政策决定的主题。

表 2　模型数据

种族	生产能力	教育成本	组内比例	占总人数比例
W	1	y	q_1	$q_1(1-m)$
W	2	$y/2$	$1-q_1$	$(1-q_1)(1-m)$
M	1	y	q_1	$q_1 m$
M	2	$y/2$	$1-q_1$	$(1-q_1)m$

根据这些假设，最重要的问题是“性别如何对市场产生信息影响”？接下来的几段内容是要说明指标确实存在潜在的影响，而且结论也是这样的。首先，我们注意到，在假设条件下，从男性组或女性组随机抽取一个生产能力为 2 的人的概率，与在无条件概率下抽取的概率是一样的，因此，性别本身绝不能告诉雇主关于生产能力的任何信息。

这就使我们得出这样一个结论：如果性别要产生信息影响，它必须与教育信号发送机制相互作用。但是，我们在这里又遇到了最初令人迷惑的一种对称的情况。在假设条件下，具有相同生产能力的男性和女性具有相同的信号发送（教育）成本。具有相同偏好和机会集合的人们会做出相似的决策，最后的状况也会类同。这是经济学中的一普遍信条，我们可以假定人们将他们除去信号发送成本外的净收益最大化，那么，他们的偏好组合看来也会相同。于是，我们好像不得不再一次得出这样的结论：性别没有信息影响。但由于一个有趣的原因，这个结论是不正确的。

具有可比生产能力的男性和女性的机会集合并不是必然相同的。要理解这点，让我们回到简单的信号发送模型中去。那个模型中存在着外部性。一个人的信号发送策略或决定影响雇主得到的市场资料，这些资料接下来会影响雇主的条件概率。

这些条件概率决定了不同水平教育的给定工资，以及劳动力市场上下一组的教育收益率。经过显著修改后，同样的机制在这里也适用。如果雇主的分布是以性别和教育为条件的，那么，一个男性信号发送决策的外部影响就只能由其他男性来承受。女性也是同样的。

如果在某个时点上，男性和女性在教育方面投资的方式不同，下一轮中男性和女性的教育收益也会不同。简言之，他们的机会集合有所差别。接下来，我们严密地证明这种情况在均衡中能持续下去。但是，重要的一点是，这一事实中暗含着外在性，即把个人当作是看上去相同的一群人中的普通一员，因而结果是尽管两组或更多看上去不同的组面临的机会集合有明显的相似性，但实际上他们可能是不同的。

雇主现在有两个潜在信号要考虑：教育和性别。开始时，他不知道究竟是教育还是性别会与生产能力相关。在达到均衡的过程中，不再使用非信息性的潜在信号或指标。如前所述，我们必须猜测雇主期望的均衡形式，然后确定这些信念可以通过市场信号反馈机制来自我肯定。我们将试一下如下形式的信念：

如果 W 且 $y<y^*_W$，生产能力为 1，概率为 1；

如果 W 且 $y\geqslant y^*_W$，生产能力为 2，概率为 1；

如果 M 且 $y<y^*_M$，生产能力为 1，概率为 1；

如果 M 且 $y\geqslant y^*_M$，生产能力为 2，概率为 1。

这些就形成了给定工资表 $W_W(y)$ 和 $W_M(y)$，如图 5 所示。

因为对雇主而言，W 组和 M 组是可以区分的，在雇主期望水平上，他们的给定工资没有联系。把这个推理应用于简单的信号模型，我们会发现要求的 y^*_W 和 y^*_M 的均衡条件是：

$$1<y^*_W<2$$

和

$$1<y^*_M<2$$

没有逻辑条件要求 y^*_W 和 y^*_M 在均衡中相等。

最重要的是，我们只是把教育信号发送模型讲述了两遍。因为性别是看得见的，雇主可以同时根据性别和教育来做出条件概率评定。这就使 W 和 M 两组之间不存在信号发送相互依赖的情况，他们处在市场上相互独立的信号发送均衡结构中。但在第一个模型中，并不是只有一个均衡，而是很多个。因此，至少存在

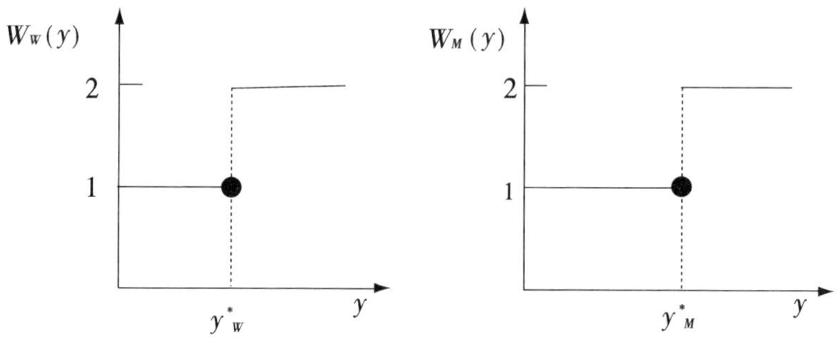

图 5　W 和 M 的给定工资表

这种逻辑可能性，即男性和女性会在市场上形成不同的稳定的信号发送均衡，并一直保持在那里。

如前面我们注意到的，这里的信号发送均衡并不等同于从社会福利角度来看的均衡。y^*_W（或 y^*_M）越高，相关组（更准确地说，是组中高产量的部分）的状况就越恶化。当 $y^*_M=1.1$ 和 $y^*_M=1.9$ 时，就是一个不对称均衡的例子。在这种情况下，高生产能力女性

为了使雇主相信她们属于高生产能力的一组不得不在教育上花更多，剩下来供消费的就更少了。

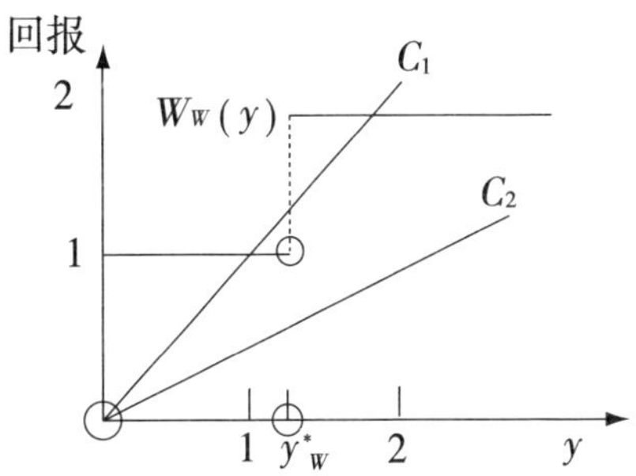

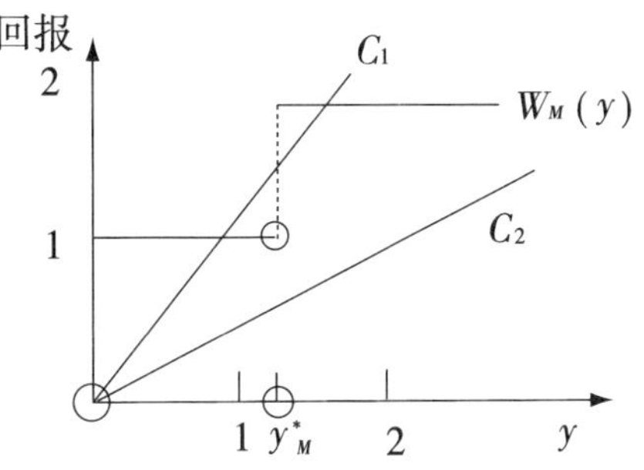

图 6　性别作为指标的市场均衡

要注意，每组中高生产能力和低生产能力的人所占的比例不影响市场中的信号发送均衡。因此，原先我们所做的各组生产力特征分布和信号发送成本的影响度相同的假设是多余的。更准确地说，对于这种均衡来说它是多余的。正如我们在教育信号发送模型中看到的那样，存在其他类型的均衡，比例确实在其中发挥了作用。

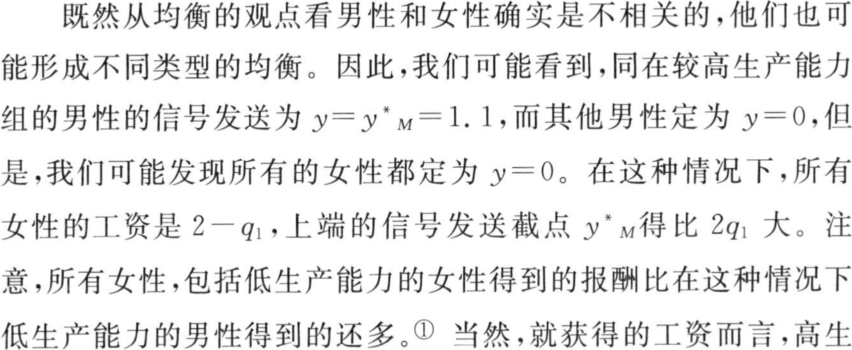

既然从均衡的观点看男性和女性确实是不相关的，他们也可能形成不同类型的均衡。因此，我们可能看到，同在较高生产能力组的男性的信号发送为 $y=y^*_M=1.1$，而其他男性定为 $y=0$，但是，我们可能发现所有的女性都定为 $y=0$。在这种情况下，所有女性的工资是 $2-q_1$，上端的信号发送截点 y^*_M 得比 $2q_1$ 大。注意，所有女性，包括低生产能力的女性得到的报酬比在这种情况下低生产能力的男性得到的还多。[①] 当然，就获得的工资而言，高生

① 我没有假定雇主是有偏见的。如果是这样的话，可以消除这种差别。也许更有趣的是，一旦实施禁止工资歧视的法律也会把它消除掉。

产能力的女性受到损失，但可以看出生产能力为 2 的女性信号发送的净收益将会更高。换句话说，当 $2q_1 < y^*{}_M$时，就会出现 $2-q_1 > W - y^*_{M/2}$ 的情况。

从表面上看，可能有人认为女性工资比一些男性低是因为她们没有接受教育而导致她们的生产力低下，然后，可能从劳动力市场外部来寻找她们没有受教育的原因。在这个模型中，这种分析是不正确的，信号发送与工资差别的根源在于市场信息结构本身。①

由于 M 和 W 两组在信号发送水平上的相互独立性，通过取出我们第一个模型中任何一个教育信号发送均衡，把它分配给 W，再取出任意一个把它分配给 M，这样，我们就能产生很多不同可能的均衡结构。但是，目前要把可能的均衡从头到尾列出来是没有意义的。

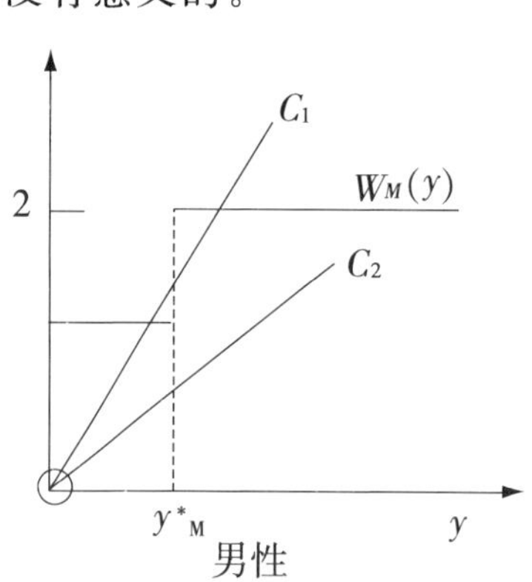

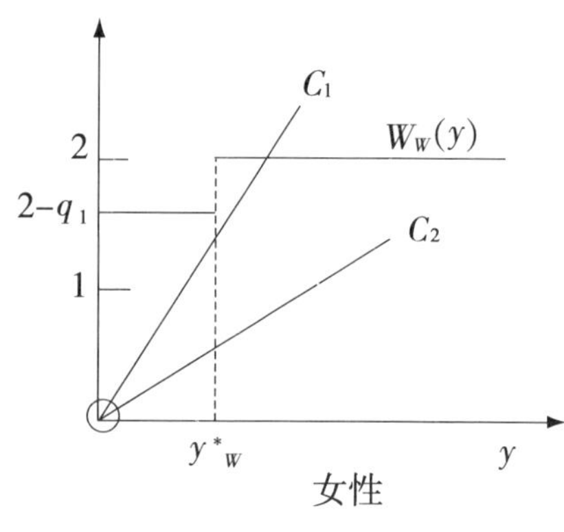

图 7　市场上另一种均衡结构

① 不同群体的差别信号成本是上面所引的斯彭斯的书中讨论的一个重要可能性。

这里，在两个或更多不同组的均衡信号发送结构中，我们可能会有主观性差异。一些组相对于其他组可能处于不利地位。一组中的某些部分相对于可比较的其他部分也可能处于不利地位。既然产生均衡的机制是反馈系统，按照梅尔达和其他人的定义，我们可能愿意把这种劣势群体的情况叫做恶性循环，尽管它是以信息为基础的。我个人倾向于把这种劣势群体的情况叫做低水平均衡陷阱，因为这个定义表达出了这样的概念，即这种状况一旦达到，就会由于模型内在的原因而持续下去。教育模型中的多重均衡可解释为均衡结构中的主观差异，以及可见的不变特征所确定的两个组所处的地位。

7. 结论

我们已经看到了一个基本的均衡信号发送模型的特征，以及一种可能的信号和指标的相互作用。还有许多问题可以提出来，并能部分地在这里列出的概念框架中得到解决。其中，有以下一些内容：

1. 合作行为对信号发送博弈的影响是什么？
2. 信号发送成本中的随机性有什么信息作用？
3. 与指标有系统性差异的信号发送成本的作用是什么？
4. 这里所讨论的例子的性质具有多大的普遍性？
5. 在多个市场环境中，均衡的不确定性存在吗？
6. 总的说来，信号发送均衡存在吗？
7. 何种歧视性机制会与市场信息结构发生相互作用？在处理

它们时，哪些政策是有效的，哪些政策是无效的？

我认为，从录取程序到组织中的晋升、贷款和消费信贷，从发送信号的状况到夸耀性消费信贷本身等一系列现象，都可以用同样的基本概念工具来分析。此外，解释为什么不存在有效的信号发送与解释它为什么存在是一样重要的，这里，讨论有效信号发送的先决条件是有价值的。

然而，应当认识到市场上信号发送者出现的次数相对较少，这种性质决定了这里讨论的信号发送现象并不是许多市场所具有的特征，就像耐用消费品的市场那样，结果是后者的信息结构可能很不相同。

保险、信息与个人行为

迈克尔·斯彭斯　理查德·泽克豪瑟

这篇论文研究了不确定性索赔市场中存在的一些错综复杂的问题和困难。保险合同可能是这类市场活动中最易观察的最为重要的例子,因而我们重点讨论保险合同。

保险的目的是保护厌恶风险的人们,使他们免于承担自然原因引起的对其有不利影响的全部后果。保险合同的各方达成协议:在得知自然行为后,从中受益最多的一方会把资源转移给没那么幸运的一方。如果合同是以这种方式提供保障,那么最重要的是对于不同的被保险人,自然行为存在(至少是基本的)独立性。我们假定在论文的后面部分该独立性都一直存在,这使我们能够从某个被保险人的角度去研究保险方案,而这个被保险人代表了某保险合同中的众多被保险人。该方法还隐含着进一步的假设:所有被保险人的期望、资源和效用函数都相同。①

有代表性的被保险人效用函数 u 可能的构成要素包括:他的全部财富水平 w、自然活动 n 和他的个人行为 a。被保险人的效用函

---

① 这个假设并不像它看上去那样具有限制性。如果对于其中任意一个变量,不同被保险人之间确实存在着差异,那么,可以把这种情况看作是自然行为已经先发生。下面我们还会遇到自然和被保险人之间不止有一轮行为的问题。同时,我们也想扩大被保险人可采取行动的范围。例如,如果在签订保险合同之前自然行为已经发生,有些被保险人可能不会参与进来。这是逆向选择的问题,在此不予考虑。

数具有类似冯·诺依曼-摩根斯坦效用函数的性质，它能使他根据效用函数的所有要素选择彩票。我们假定他对财富彩票是风险厌恶的。

根据保险方案的结构特征，我们把它们分为三个部分。第一部分：(1)存在或不存在被保险人选择。如果效用函数中 a 是重要的要素，那么，就存在被保险人的选择。被保险人选择模型是非常普遍的，因此选择变量 a 可以代表一定的投资水平，包括自身投资或者是购买某一特定商品如医疗服务等。

当被保险人有选择空间时，我们会关心第二部分：(2)被保险人与自然行为之间的顺序以及第三部分：(3)由保险人控制的信息状态 S。这种信息状态可能是个向量，它将作为自然行为和被保险人行为的函数。

保险方案的运作要使承保人决定他支付给被保险人的赔偿，而支付额的大小取决于他所控制的信息状态。我们所说的保险支付函数 $g(S)$ 完全描述了这一保险方案，它取决于保险统计约束，即盈亏平衡的财务预期。承保人的目标是使这种约束下的代表性被保险人的预期效用最大化。

在这篇论文中，我们主要检验在最优保险方案的决定中(2)和(3)是如何相互作用的。作为一个对比的标准，我们先考虑简单的、不存在被保险人个人选择的保险情况。

1. 不存在被保险人选择
——承保人控制 n

如果被保险人的选择没有任何影响，那么，单独决定被保险人效用的就是自然行为 n，而 n 的分布是由自然密度函数 $f(n)$ 决定的。在这篇论文中，我们把 n 当作连续变量，但如果 n 是离散变量，稍加修改后我们的结果仍能很好地成立。

承保人控制了自然行为，这里 $S=[n]$。他支付给被保险人的赔偿额是 $g(n)$，这一金额再加上被保险人的初始财富 w_0，构成了他效用函数中的财富因素。在这种方案下，被保险人的预期效用是

$$\int u(w_0+g(n),n)f(n)dn. \tag{1}$$

这个方案的盈亏平衡约束条件是：

$$\int g(n)f(n)dn=0. \tag{2}$$

承保人的目标是使条件(2)式下的(1)式最大化。使用变分法，他可以得出最优化保险支付函数的边际效率条件。这一条件就是，对于所有的 n 值，存在一个约束 λ，使得

$$\mu=\lambda \tag{3}$$

或者是 $f(n)=0$。最优化的 $g(n)$ 使收入的边际效用为常量。$f(n)$ 只是通过参数 λ 的值对它产生影响，而这个 λ 值又是由约束(2)式决定的。因此，$g(n)$ 的形状只是间接地受自然密度函数影响。最优化保险支付函数的这些性质，在所有的承保人能控制可用信息的情况下都存在。

一个有趣的特殊例子是自然行为本身就是货币支付，因此，$u(w,n)$ 可以写成 $v(w+n)$。最优化的条件就成立了：

$$v'(w_0+n+g(n))=\lambda . \tag{4}$$

这意味着 $g(n)=k-n$，这里，k 是一个任意常数。整体约束条件(2)式要求 $k=\bar{n}$，$\bar{n}$ 是 n 的均值。如果被保险人的收入不确定组无法控制，那么，他的最优保险方案就是给他带来预期收入的那个

保险方案。

在这篇论文的下面部分，我们集中讨论被保险人完全了解保险支付函数时采取最优化行动 a 的情况。

2. 被保险人在承保人控制 R 和 a 的自然行为之前的选择

为简单起见，在我们的模型中，假定被保险人的效用函数只有一个要素，即事后财富，该模型要求被保险人行为可转换为货币等价物。把 a 看作是被保险人为了提高他的不确定性货币收益而进行的投资，这样的假设似乎最为合理。我们把这种收益表达为：$R=r(n,a)$。① 在决定他的赔偿额也即 $S=[R,a]$时，承保人控制这种货币收益和被保险人的行为。在进行投资得到其货币收益和承保人支付之后，被保险人的财富为：

$$w=w_0+R+g(R,a)-a. \tag{5}$$

被保险人会采取使其预期效用最大化的行为。也就是说，根据保险方案和 $f(n)$，他将会选择 a 来使他的预期效用(6)式最大化

$$\int u(w_0+r(n,a)+g(r(n,a),a)-a)f(n)dn. \tag{6}$$

这里，R 写成了函数形式 $R(n,a)$，以强调它取决于 a。

---

① 此外，我们可以把 a 看作是改变了支付额 R 分布的参数。既然 $R=r(n,a)$，n 的分布为 $f(n)$，我们可以把 n 写成是 R 和 a 的函数

$$n=h(R,a)$$

R 对于 a 的条件分布是：

$$t(R|a)=f(h(R,a))|h_R(R,a)|.$$

如果一个人通过获得教育的方式对他的未来收入进行投资，或者使其防火以降低受损害或毁坏的可能性，那么他的行为与自然行为共同决定了他得到的货币收益。在这些情况下，被保险人对他的命运拥有一定的控制能力，但是，自然不可控制行为还是具有额外影响，这意味着他不能完全决定自己的命运，因此，制订一个保险方案是最好不过的了。

让我们考虑承保人希望被保险人预期效用最大化的问题。给定 $g(R,a)$ 对于特别的 a 使(6)式最大化的盈亏平衡约束是：

$$\int g(r(n,a),a)f(n)dn=0. \tag{7}$$

(注意：其他的 a 值不必满足这个约束条件，因为它们永远不会被选中，因此，它们与现实生活中保险统计因素无关。)

承保人希望选择 $g(R,a)$，使这一约束下(6)式最大化。因为他能控制 a，并把它作为支付函数的一个要素，这样，承保人的问题得以简化，他的绩效(以达到的预期效用来衡量)也有所提高。通过使 $g(R,a)$ 对 $a\neq a^*$ 来说足够为负，他能使被保险人选择 $a=a^*$。由于承保人能控制被保险人的行为，承保人的问题变成了寻找一对 a^* 和 $g(R,a^*)$，使其满足条件(7)式的(6)式最大化问题。正如前面被保险人无选择的情况那样，最优化的 $g(R,a^*)$ 将由以下条件决定：

$$\mu'=\lambda, \tag{8}$$

这意味着：

$$g_1(R,a^*)=-1. \tag{9}$$

在这种情况下，重要的一点是消除了逆向激励问题，因为承保人能控制被保险人的行为，并构造保险支付函数，因此选择的 a 将

等于 a^* 。①

---

① 如果承保人只能控制 a,那么得到的结果也是相似的。承保人会选择最优保险支付函数,且称为 $g^1(n)$,对应于此函数被保险人会有相应的最优化行为,把它称作 a^* 。预期效用是 U^1

假定 g^1 是唯一的,而且假定承保人通过控制 $r(n,a)$ 和 a 能够提高预期效用。将他的最优化支付函数对表达成:$g^2(r(n,a),a)$ 和 a^{**},预期效用为 U^2。现在使 $g^3(n)=g^2(r(n,a^{**}),a^{**})$。这一新的保险支付函数满足盈亏平衡约束条件;它给出了与 g^2 相同的支付额的分布。被保险人选择 g^2 的最优化行为称为 a^{***}。这一对的预期效用 $U^3>U^2$。但是,g^3 是一个值得考虑的只控制 n 的保险支付函数。因为 g^1 是最优化的,$U^1\geqslant U^2$。前面的弱不相等性意味着这些预期效用是相等的。类似的要素说明 $S=[n]$时的预期效用不可能比 $S=[r(n,a),a]$时要大。因此我们得到:

$$g^1(n)\equiv g^2r(n,a^{**})\equiv g^3(n) \tag{a}$$

和

$$a^*=a^{**}=a^{***} \tag{b}$$

如果承保人只能控制 n,他将

$$\underset{g(n)}{\text{maximize}} \quad \int u(w_0+r(n,a)+g(n)-a)f(n)dn \tag{c}$$

这一式子满足:

$$\int g(n)f(n)dn=0 \tag{d}$$

和

$$\int (r_2-1)u'f(n)dn=0 \tag{e}$$

其中,第二个约束条件代表被保险人的最优化行为。我们知道对于最优化方案,μ'是常量,因此,个人最优化的 a 满足方程

$$\int (r_2-1)f(n)dn=0. \tag{f}$$

额外一美元投资的预期净收益为零。

保险方案不仅分散风险,通过克服个人风险厌恶带来的扭曲效应,它还使得投资决策富有效率。总之,当没有保险时,边际条件(f)式就不能得到满足。当 a 只是防止 w 值过低而进行的防御性投资时,如同所说的安全措施的情况一样,选择的 a 值会过大。相反,如果 a 产生高支付额的概率低,选择的 a 值又太小。处于劣势情况下的人们的教育投资可能就代表了后一种情况。

3. 被保险人在承保人只控制 R 的自然行为之前的选择

通常，承保人不可能同时控制 a 和 R，或者说他这样做的成本过高。例如，a 可以表示个人为增加其收入机会或为提高开车小心程度所做的努力。当不能直接观测到 a 时，信息状态只包括 R、$S=[R]$，且承保人的支付函数采用了更为严格的形式 $g(R)$。以往可以选择 a 的机会已经不复存在了。

承保人的最优化问题变得更为复杂。他选择 $g(R)$ 以使得满足两个约束条件的下列式子达到最优：

$$\int u(w_0+r(n,a)+g(r(n,a))-a)f(n)dn, \tag{10}$$

第一个约束条件是普通的盈亏平衡条件

$$\int g(r(n,a))f(n)dn=0. \tag{11}$$

第二个约束条件是选择 a 以使既定 $g(R)$ 下的(10)式最大化。第二个约束条件可由边际条件①决定：

$$\int[r_2+g'r_2-1]u'f(n)dn=0. \tag{12}$$

再把这个问题看作是变分法问题，最优化 $g(R)$ 方程的边际条件是：

$$\lambda\mu''+\mu'\left[1+\lambda\frac{d}{dn}\left(\frac{r_2}{r_1}\right)+\lambda\frac{r_2}{r_1}\frac{f'}{f}\right]-\Phi=0, \tag{13}$$

其中，λ 和 Φ 是参数，由约束条件(12)式和(11)式决定。

---

① 这是正确的，例如，如果 $u(w_0+r(n,a)+g(r(n,a))-a)$ 对 a 处处为凹时。

(11)至(13)式决定了被保险人一定投资水平 a 下的 $g(R)$，λ 和 Φ。因此，下面的情况要使满足这些约束的对应于 a 的预期效用最大化。然而，结果是复杂的，也不能更清楚地说明解决方案的结构。最优化的条件是：

$$-\frac{\lambda}{\Phi}=\frac{\int g' r_2 f(n)\,dn}{\int [U'(r_{22}+r_{22}g'+r_2^2 g'')+U''(r_2+g' r_2-1)^2]f(n)\,dn.}$$

在这种情况下，g 不只是通过参数 λ 和 Φ 取决于 $f(n)$，它也直接取决于分布 $f(n)$。与前面的情况相比，还有一个重要的区别，即要使财富的边际效用为常数已不再可能。$g(R)$ 函数必须在全部事后财富上是所得支付的增函数。否则，无论自然行为对这一支付额多么有利，被保险人在成本为正的情况下都没有动力采取任何行动。要使其有适当的激励，保险方案必须放弃它的一些风险分散能力。①

4. 被保险人在承保人控制 n 和 a 的自然行为之后的选择

现在，我们侧重研究被保险人掌握自然行为后采取最大化行

---

① 一个简单的例子可以清楚地说明由于承保人不能同时控制 a 和 R 而造成的效率损失。初始财富既定后，被保险人的效用函数是 $\log(w)$。他得到的货币支付可以定义为 $R=(n\cdot a)^{1/2}$。自然行为由一个在某区间内均匀分布的密度函数决定。最优化支付函数的形式是：

$$g(R)=a-R+\beta(1+\gamma R)^{1/2},$$

其中，a，$\beta>0$ 和 $\gamma>0$ 都是通过直接研究能找到其数值的参数。

这里出现了效率损失，因为 dg/dR 不是 -1，所以就不像保险支付函数能同时控制 a 和 R 那样无法完全分散风险。

为 a 的情况。这种情况包括：掌握其工资率（如自然碰运气的事决定的）并能决定期望收入多少的被保险人，或者是知道其健康状况并决定医疗开支为多少的被保险人等。

由于承保人具有控制能力，所以他能使用支付函数 $g(n,a)$。这类保险机制可以看作是共同购买期权的另一种形式。例如，医疗保险赔偿方案说明了根据他的健康状况购买医疗服务时必须要支付的数量。具有这种信息控制能力的收入税方案，使个人的纳税评估取决于他的收入能力和收入水平。在这种情况下，被保险人行为就是牺牲收入去购买休闲。税收方案会告诉他作为工资率的函数，购买一定的休闲会花费他多少钱（放弃的收入减去少交的税收）。

我们下面会说明，如果 n 为已知，那么，额外地控制 a 的能力没有任何价值。这意味着如果医疗保险的支付只是单独由一个被保险人的函数决定的，或者说收入税只取决于个人概率性决定的工资率，那么，就没有任何效率损失。

在这种情况下，自然和被保险人的行为都进入了被保险人的效用函数 $u(w,n,a)$。我们假定 u 在第一和第三要素中是严格凹的。在 n 已知后，被保险人选择 a 使 $u(w_0+g(n,a)-a,n,a)$ 最大化。给定 n 和 $g(n,a)$ 之后，被保险人选择 a 的效率条件是：

$$u_3+u_1(g_2-1)=0. \tag{14}$$

承保人的最优化问题是

$$\underset{g(n,a)}{\text{maximize}}\int u(w_0+g(n,a)-a,n,a)f(n)dn. \tag{15}$$

在满足(14)式中给定条件和盈亏平衡约束的条件下

$$\int g(n,a)f(n)dn=0. \tag{16}$$

由于承保人能够控制 n，他可以使被保险人选择他想要的任意一种 a 和 w 的组合。从这种意义上说，系统是可控制的。假定承保人希望 $a=p(n)$，且 $w=w_0+g(n,a)-a=q(n)$。那么，他可以设置为：

$$g(n,a)=\left[1-\frac{u_3(q(n),n,p(n))}{u_1(q(n),n,p(n))}\right]\cdot [a-p(n)]+q(n)+p(n)-w_0. \tag{17}$$

既然

$$g_2=1-\frac{u_3(q(n),n,p(n))}{u_1(q(n),n,p(n))}, \tag{18}$$

且 u 在 a 和 w 上是严格凹的，根据上面(14)式中的条件，被保险人将选择 $a=p(n)$。这样做时，他的财富将会是所要求的 $q(n)$。

由于承保人能控制 n，所以大大简化了这个问题。因为被保险人可以替换满足约束条件(20)式的下面的问题：

$$\underset{p(n),q(n)}{\text{maximize}}\int u(q(n),n,p(n))f(n)dn \tag{19}$$

约束条件：

$$\int[p(n)+q(n)-w_0]f(n)dn=0. \tag{20}$$

利用标准的变分法公式，可以得出两个边际条件：

$$u_1=\lambda, \tag{21}$$

和

$$u_3=\lambda. \tag{22}$$

这意味着收入的边际效用与在服务上消费的金钱是相等的，而且

在最优条件下是常量。更为重要的是

$$g_2=1-\frac{u_3}{u_1}\equiv 0, \tag{23}$$

因此，对一些方程 $m(n)$ 来说

$$g(n,a)\equiv m(n), \tag{24}$$

这证明了我们原先的说法：即如果承保人能够直接控制自然行为，那么再去控制被保险人行为没有任何额外收益。换句话说，$S=[n]$时能达到的预期效用与 $S=[n,a]$时的预期效用是一样的。

5. 被保险人在承保人只控制 a 的自然行为之后的选择

最后，我们重点分析一个承保人只能控制 a 也就是 $S=[a]$的例子，以此作为论文的结尾。代表性的案例有税务机关能控制收入但不能控制赚钱机会时的收入税方案，或只涉及花费的数量而无关健康状况的医疗保险方案等。

这里，a 是 n 的信号。如果具有适当的单调性，它甚至可以作为一个完备信号。但是由于逆向激励的问题，把 a 当作 n 的信号来控制的保险支付方案可能没有直接控制 n 时的方案运作得更好。

这个问题也类似地出现在期权购买方案的情况里。收入税计划扭曲了工作的动力，医疗保险支付计划使被保险人在医疗服务上花费过多。当 a 不能完全解释为金钱开支时，这个问题就更加复杂了。

假定被保险人选择的睡眠时间是他健康状况的完全信号，睡眠越多，健康状况越差。如果承保人不能直接控制健康状况，而且也不能控制除被保险人所选睡眠时间外的其他条件，他会不得不选择睡眠时间作为他保险支付函数的唯一要素，这会使被保险人无论健康状况如何都有激励选择超过最优的睡眠时间(假定健康状况越差，承保人愿意支付的货币赔偿额也越高)。选择的睡眠时间可能一直会是健康状况的完全信号，但是，不同的睡眠时间有不同支付值，这会在睡眠时间决定中引入一个新的且不恰当的因素，而这个问题是无法解决的。

在上述情况中的承保人认识到了面临的问题。在不存在其能控制信息的次优世界中，他继续优化自己的选择，选择他的保险支付曲线 $g(a)$，以在继续分散风险和提供适当激励这两个冲突的目标中寻找平衡。可以用汉密尔顿方法定义这个方程，把达到的效用 U 作为状态变量，g 作为控制变量。① 由于固定的 n、a 由下面的方程内在地定义为 U 的函数

$$U=u(w_0+g(a)-a,n,a). \tag{25}$$

承保人选择 a 的最优化边际条件是

$$u_3+u_1(g'-1)=0. \tag{26}$$

这可以写成下列等价形式：

$$\frac{dU}{dn}=[u_3+u_1(g'-1)]\frac{da}{dn}+u_2=u_2. \tag{27}$$

① 收入税中一个相似的数学问题由詹姆斯·莫里斯即将发表于《经济计量学》杂志上的《最优所得税探讨》作详细和严格的论述。他大部分应用了变分法，但指出同样可以用汉密尔顿方法。两个问题在结构上不同，因为在我们的问题中，自然行为不会出现在函数 $g(a)$ 中，而却出现在收入税问题中。

我们让 $\phi(n)f(n)$ 作为对应于固定变量 U 的乘数，而 λ 是对应于收入平衡约束的乘数

$$\int g(a)f(n)dn=0. \tag{28}$$

加了这些注解之后，汉密尔顿方程变成了

$$H=[U-\lambda g+\phi u_2]f. \tag{29}$$

最优化的方程因此变成了：

$$\lambda g'=\phi[u_{22}+u_{12}(g'-1)], \tag{30}$$

$$\frac{d\phi}{dn}=-\frac{f'}{f}\phi-1, \tag{31}$$

和

$$u_3+u_1(g'-1)=0. \tag{32}$$

我们可以依托医疗保险的具体例子解释这些结果。令 n 代表健康状况，数值越大疾病就越重。为了更简单地解决这一问题使我们进一步认识到最优化支付方程的性质，我们把财富加到效用方程中。在这种情况下，$u_{12}\equiv u_{13}\equiv 0$。因此，条件(30)式变成了

$$g'=\frac{\Phi}{\lambda}u_{23}. \tag{33}$$

一般地，u_{23} 会是正的，随着病情程度的增加医疗费用的边际效用也是递增的。这意味着 g' 也将是正的，恰好与承保人能直接控制 n 和 $\partial g/\partial a\equiv 0$ 的情况相反。当只能控制 a 时，最优保险计划不要求被保险人支付医疗保险的全部边际成本，这样，他就会买得过多。①

① 如果保险公司可以控制个人行为并且存在风险扩散，那么，保险人支出的增加一定会在某种程度上得到补偿。他将不愿意支付他所购买保险的全部边际成本。

从(31)式中我们看到，$\Phi(n)$完全取决于自然行为的分布$f(n)$。现在，我们希望能够对最优化方程$g(a)$有些认识。把(33)式对n进行微分，解g''得出

$$g''=\frac{\Phi'}{\lambda}\frac{u_{23}}{\dot{a}}+\frac{\Phi}{\lambda}u_{233}+\frac{\Phi}{\lambda}\frac{u_{233}}{\dot{a}}. \tag{34}$$

被保险人最优化的二阶条件意味着$\dot{a}>0$。另外，我们有理由假定$U_{233}>0$，即医疗服务的递减收益率随健康状况的恶化而递减；类似地，$u_{223}>0$也是合理的。

因此，g''的符号取决于Φ'的符号和大小，而Φ'的大小又取决于$f(n)$的分布。如果$\Phi'>0$，则$g''>0$，且g在那点是凸的；但是，如果ϕ'足够为负，则$g''<0$，且g在相应点是凹的。

可以假定在某种情况下，$g(a)$至少在一定的值域内是凹的。从(31)式中可以看出，如果f'/f非常大且为正值，则ϕ'将非常大且为负。对应于f'/f非常大时n的区域，当a变大时，a被选中的频率也会急剧增加。如果这一频率增加足够大的话，那么，相对于进一步分散风险来说，提供适当激励的重要性也会随着a增加而增加。这要求$g(a)$有些平坦，因此，它在a的这些值域范围内是凹的。①

但是，在大多数情况下，$g(a)$会是凸的。② 当开支已经很高时，分散风险这一目标的重要性就较高，因为被保险人的行为a越

---

① 通过合并以上n的值，f'/f总是可能快速上升的。但是，这将提高与n相关的a的变化率，两种变化相互抵偿将不存在对最优$g(a)$水平的影响。

② 我们注意到，如果$g(a)$在它的绝大部分区间内是凸的，那么，汽车保险和健康保险通常采用的扣除政策可能是一个最优的合理近似。

大、财富越少，进一步开支的效用成本就越大。

6. 结论

概要地研究不同保险的情况，我们可以得出某些一般性的原则。如果承保人能直接控制 n，正如情况 1 和情况 4 中所述，保险方案可以像传统的不确定性的索赔市场那样运作。可以完全分散风险，也不必担心存在逆向激励。

类似地，如果承保人能够在自然行为之前控制被保险人行为（情况 2），通过构造保险支付函数来选择合适的 a，就可以避免逆向激励问题。

然而，对于第 3 种和第 5 种情况，这些结果不能成立。在这些情况下，部分或完全取决于被保险人的行为的信号是保险支付函数的唯一要素。被保险人如果要影响这个信号，从而提高从承保人处得到的支付，他会改变自然的最优化行为。承保人可能意识到这一逆向激励问题，但无法克服它。由于有限的信息控制能力，他的最优化保险支付函数是一个次优化的问题。这样既不能完全分散风险，也不能使被保险人行为有适当的激励。在现实世界中，在这两种相互冲突的目标之间寻找到一个最优化组合并不容易。

竞争性保险市场的均衡：论不完备信息经济学*

迈克尔·罗斯查尔德　约瑟夫·斯蒂格利茨

1. 引言

理论经济学家的传统做法是在脚注中讨论信息问题。不言而喻，人们相信对沟通成本、非完备知识及类似问题的认真思考会使情况变得复杂起来。本文通过分析竞争性市场指出，不考虑信息的这种令人鼓舞的神话是不正确的，这里所说的竞争性市场是指交易各方中至少有一方对所交换商品的性质不完全了解。经济学理论中一些很重要的结论在不完备信息条件下变得不适用了。

可以证明，竞争性均衡不仅有可能不存在，而且即使存在均衡，也会表现出一些奇特的性质。在我们重点讨论的保险市场中，保险公司，至少那些在竞争过程中生存下来的保险公司不会把

* 该研究在斯坦福大学社会科学数学方法研究所(IMSSS)得到了联邦科学基金的资助(批准号:SOCO74－22182)，同时，在普林斯顿大学得到了资助(批准号:SOC73－05510)。作者感谢斯德威·萨洛普、弗兰克·哈恩和查尔斯·威尔森的有益帮助，以及在一些大学的学术讨论会上参与者的建议。

价格定在顾客可以购买所有保险的水平上。相反，它们希望同时考虑价格和数量——消费者在该价格下可以购买的特定保险数量，而且，如果消费者愿意，或者说能够公开他们的信息，那么，所有人的收益都将得到提高。就他们的特定存在而言，高风险消费者的存在导致一个外部效应：低风险消费者得到的收益小于市场中不存在高风险消费者的情况下获得的收益，但是，高风险消费者的收益却并不因为市场中缺少低风险消费者而有所改变。

在下一小节中，我们将通过分析竞争性保险市场的一个简单模型来说明上述观点。我们相信，从我们高度典型化的模型中得出的结论具有普遍的意义。我们试图通过以下两点来验证这种普遍的意义：首先，本文第 3 小节的分析说明我们的模型是具有普适性的；其次，本文的结论也暗示了（由于篇幅所限，不详述）我们的分析可以在许多领域得到应用。

2. 基本模型

我们的大部分论点都可以通过分析一个很简单的模型得出。考虑一个消费者，如果他能幸运地避免出事，其收入为 W；出事时，他的收入仅为 $W-d$。该消费者可以通过投保来使自己在出事时得到保障，这时，他要支付给保险公司 α_1 的保险金，回报是如果出事，他将得到的$\hat{\alpha}_2$ 赔偿金。在没有投保的情况下，他在“不出事”和“出事”两种状态下的收入为$(W, W-d)$；在投保情况下，收入变为$(W-\alpha_1, W-d+\alpha_2)$，其中，$\alpha_2=\hat{\alpha}_2-\alpha_1$。向量 $\alpha=(\alpha_1, \alpha_2)$

可以完全说明保险合同。[①]

2.1 保险合同的需求

在保险市场中，交易是通过保险合同（向量 α）来进行的。为了描述市场如何运作，我们必须考察市场参与者的供给和需求函数。市场上只有两种类型的参与者，购买保险的消费者和提供保险的保险公司。确定消费者的保险需求是比较简单的，消费者通过购买保险合同来改变不同自然状态下的收入结构。用 W_1 表示消费者在不出事情况下的收入，W_2 表示出事情况下的收入。期望效用原理表明，在相对适度的假设条件下，消费者在两种自然状态下的收入偏好可以用以下形式的函数来表示：

$$\hat{V}(p,W_1,W_2)=(1-p)U(W_1)+pU(W_2), \tag{1}$$

其中，$U(\ )$表示现金收入的效用，[②]p 表示出事的概率。消费者

① 实际上的保险合同要复杂得多，因为一个单一合同可以提供防范许多潜在损失的险别。在这种情况下，上述方案的一个正式的一般化表达是易于理解的。假定某一消费者在不投保情况下，如果出现第 i 种状态，则其收入为 W_i。这时，保险合同仅仅是一个 n 维向量$(\alpha_1,\cdots,\alpha_n)$，其中，第 i 个坐标表示出现第 i 种状态时消费者向保险公司支付的净款额。我们把讨论的范围限定在文中提到的简单情况，虽然它可以按照通常的做法扩展为这个更为复杂的情形。

许多保险合同并不像上面描述的 n 维向量那么复杂，而是用一个固定的保险金和支付一览表来解决，由“蓝十字”（横跨北美的一家医疗保险公司。——译者）开列的关于特定疾病和手术的最高费用的表格是例外之一。通常来说，这是个关于损失规模的简单的函数，如 $F(L)=\mathrm{Max}[0,c(L-D)]$，其中 $c\times100\%$ 是合作的保险率，D 指绝对免赔额。当损失出现时，要使用这样一个合同，确定损失的规模经常是很重要的问题。换句话说，要准确地确定世界上究竟出现哪种状态并非易事。我们忽略这些问题。一些更为详细的文献将讨论最理想的保险合同，如阿罗（1971）和鲍齐（1968）。

② 我们假定偏好不由自然状态决定。

的需求可以从(1)式中求得。保险合同 α 的价值为 $V(p,\alpha)=\hat{V}(p,W-\alpha_1,W-d+\alpha_2)$。从所有保险公司提供给消费者的合同中,消费者会选择 $V(p,\alpha)$ 取值最大的那个合同。由于消费者总是具有不买保险的选择权,因而只有在 $V(p,\alpha)\geqslant V(p,0)=\hat{V}(p,W,W-d)$ 的情况下,他才会购买保险合同 α。我们假定人们会尽量降低出事的可能性,而且他们都是风险厌恶者($U''<0$);因此 $V(p,\alpha)$ 是一条拟凹的曲线。

2.2 保险合同的供给

要描述保险公司如何决定提供合同的种类以及针对哪些消费者提供什么合同就不像考察消费者的需求那么简单了。保险公司从保险合同中获得的收益是一个随机变量。我们假定保险公司是风险中性的,它们只关心期望收益,因而当保险公司将合同 α 出售给出事概率为 p 的消费者时,其利润为:

$$\pi(p,a)=(1-p)\alpha_1-p\alpha_2=\alpha_1-p(\alpha_1+\alpha_2), \tag{2}$$

即使厂商不是期望收益最大化的追求者,但在一个组织良好的竞争市场中,它们也会采取使(2)式最大化的行动。[①]

① 由于不确定性条件下厂商行为理论是经济学理论中另一个有待解决的问题,因而我们不能指望它像期望效用原理对上文中(1)式所作的支持那样,对我们可能做出的任何假设提供类似的帮助。然而,有两个论据(及缺乏能引起注意而又可细微地加以鉴别的选择对象)可以证明(2)式的正确性:首先是一个没有明确验证但被广泛认同的命题,即保险公司为股东所拥有,股东自己持有的多样化分散投资的证券应该使其期望收益最大化,不执行该项政策的管理层将被取代。其次是假定保险公司由大量小份额的股东共同拥有,每个股东都获得公司收益的一小部分。如果投保的风险是独立的,或者是可分散的,那么,大数定律保证每个股东的收益大致保持稳定,并且任何

保险公司拥有一定的财力资源，因而它们愿意并且能够出售任何数量它们认为可以获得期望收益的合同；① 市场在允许自由进入时是具有竞争性的。所有这些假设保证了任何有需求且可期望获得收益的合同都会被提供出来。

2.3 有关出事概率的信息

到目前为止，我们还没有讨论消费者和保险公司如何得知或如何估计出参数 p，在(1)式和(2)式的价值求解中，p 是一个非常关键的参数。我们简单地假定消费者知道自己的出事概率，而保险公司不知道。由于保险购买者在所有方面都同样地避免出事，因而该假设的作用在于说明，保险公司不能根据消费者的性质来对潜在的消费者进行区分。该假设将在 3.1 小节中加以解释并进行修改。

消费者保险合同都只是按合同的期望价值来对股东的收益做出贡献。在这种情况下，当且仅当管理层追求期望收益最大化时，股东的利益将得到很好的保证。

第二个论据的一个变形是考虑股东和保单持有人重合的情形，或者更为平常一点，考虑保险公司是一个互助公司的情形。在这种情况下，保险公司只是一个对风险进行组合的机构。在分散投资可行的条件下，每个合同对公司红利(或损失)的影响与合同的期望价值成比例。

① 用于证明(2)式的论据——特别是大数定律的使用——同样可以用来证明这个假设。比独立较弱的条件就足够了。参考瑞文茨(1960)第 190 页当中的一个原理，该原理大致表明，如果保险合同可以在空间上进行安排，那么即使相互之间很接近的合同不是独立的，但那些离得较远的合同大致是相互独立的，于是，所有合同的平均收益等于某一概率下的期望价值。因此，即使存在这样一个事实：血缘关系导致的疾病意味着不是所有被保的风险都是独立的，持有大量健康保险单的保险公司也应该是风险中性的。有些风险不可以被分散化，如核战争(或水灾、瘟疫等)的风险不能根据大数定律来分散。我们的模型适用于可分散的风险，这种层次的风险比相互独立的风险多得多。

保险公司可以根据消费者的市场行为推断出他们的出事概率。与其他事情一样,出事概率高的消费者比不易出事的消费者对保险有更高的需求。虽然这种方法有可能是精确的,但是,这并不是找出消费者性质的有益方法。保险公司希望通过了解消费者的性质来决定提供什么类型的保险,从而使得消费者投保。购买行为发生后获得的额外信息只有亡羊补牢的作用。

通常,可以借助这样一种方法来使消费者做出市场选择,即消费者显示出他们的性质,而且如果他们的性质被公开,他们将同时按保险公司所希望的那样做出选择。在萨洛普和萨洛普对这一专题的研究中,他们将具有这种性质的市场方法称作“自我选择机制”,本文的一个重点是分析自我选择机制在竞争性市场中的功能。

2.4 均衡的定义

假定消费者只能购买一种保险合同,这是一种容易引起反对的假设。实际上它意味着保险经销商同时看重所售保险的价格和数量。在大多数竞争性市场中,经销商只决定价格,而对消费者购买保险的数量无能为力。可以相信,我们所讲的价格和数量竞争比传统的价格竞争更适合于我们的保险市场模型。我们将在3.2节中详细地解释该命题。

竞争性保险市场的均衡是一个保险合同的集合,因而当消费者选择合同以使期望效用最大化时,满足:(1)均衡集合中没有合同会产生负的期望收益;(2)如果存在均衡集合外的合同,它们将不可能产生正的收益。这种关于均衡的解释属于古诺—纳什类型,每个保险公司都假定竞争对手提供的合同与本公司的行动无关。

2.5 完全相同的消费者的均衡

只有当消费者具有不同的出事概率时，保险公司才会有不完备信息。下面我们来考察这种情形。为了举例说明主要以图示法表述的这种程序，我们首先分析具有完全相同的消费者的竞争性保险市场的均衡。①

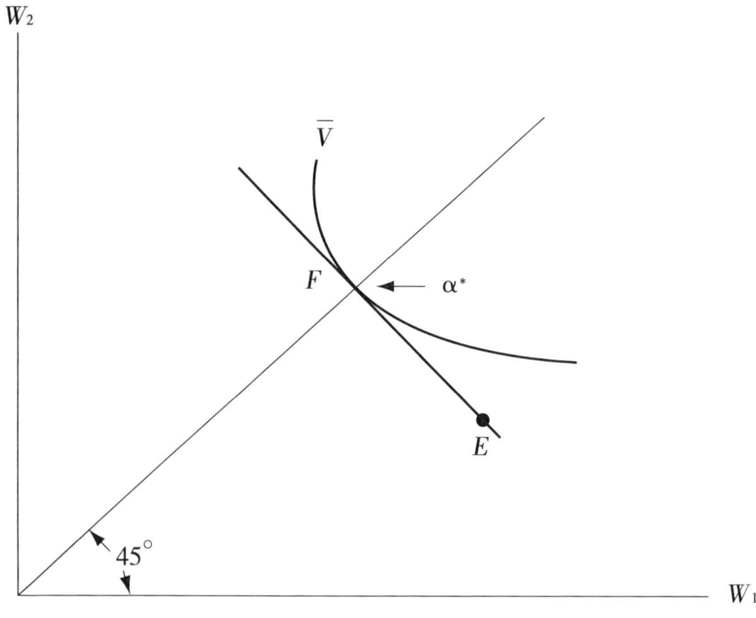

图 1

在图 1 中，横坐标、纵坐标分别表示不出事和出事两种状态下的收入，坐标(W_1,W_2)确定的 E 点是典型的消费者没有参加保险

① 如果消费者具有不同的出事概率 p，这种分析方法还是相同的，但是，保险公司知道消费者的出事概率，市场将细分为多个子市场，每一个不同的 p 代表一个市场。每个子市场都具有一个这里所讨论的均衡。

时的状态,无差异曲线是由(1)式的函数确定的。购买保险单 $\alpha=(\alpha_1,\alpha_2)$使消费者从 E 点移动到$(\hat{W}_1-\alpha_1,\hat{W}_2+\alpha_2)$点,自由进入以及完全竞争将保证竞争性均衡中的保险单获得零期望利润,因此,如果出售保险单 α,则有:

$$\alpha_1(1-p)-\alpha_2 p=0. \tag{3}$$

达到盈亏平衡的所有保险单的集合由(3)式分析得出,并在图1中用直线 EF 表示出来,有时我们称之为等期望利润曲线。均衡的保险单 α^* 使消费者的(期望)效用最大,并恰好达到盈亏平衡。购买保险单 α^* 使消费者位于无差异曲线的切线,即等期望利润曲线上。α^* 满足均衡的两个条件:(1)它达到盈亏平衡;(2)销售任何其他的合同而不是 α^* 将给保险公司带来期望损失。

由于消费者是风险厌恶者,α^* 点将位于45°线(表示两种自然状态下相同的收入)与等期望利润曲线的交点上。在均衡状态下,每个消费者都在保险精算师计算出来的可能性下购买完全保险。为了理解这一点,注意等期望利润曲线的斜率等于不出事的概率与出事的概率之比($(1-p)/p$),这里,无差异曲线的斜率(不出事状态下的收入与出事状态下的收入的边际替代率)为$[U'(W_1)(1-p)]/[U'(W_2)p]$,当两种状态下收入相等时,上式为$(1-p)/p$,与 U 无关。

2.6 不完备信息:两种类型消费者的均衡

假设市场由两种类型的消费者组成:低风险消费者和高风险消费者,他们的出事概率分别记为 p^L 和 p^H,且 $p^H>p^L$。设高风险消费者所占的比重为 λ,因此,平均出事概率为$\bar{p}=\lambda p^H+(1-\lambda)p^L$。该市场只可能存在两种类型的均衡:混同均衡和分离均衡。在混同均衡中,两类消费者购买相同的保险合同;在分离均衡中,不同类型的消费者购买不同的保险合同。

我们可以简单地证明不存在混同均衡。如图 2 所示,E 点仍然表示所有消费者最初的收入水平。假设 a 是一个混同均衡,现在考虑 $\pi(\bar{p},\alpha)$。如果 $\pi(\bar{p},\alpha)<0$,则提供合同 α 的保险公司将遭受损失,这与均衡的定义相矛盾。如果 $\pi(\bar{p},\alpha)>0$,则存在一个合同,它在每种自然状态下都可以提供更多的剩余,因而当所有消费者都购买该合同时将会获得收益。所有的情况都比合同 α 更优,所以 α 不可能是一个均衡。因此,$\pi(\bar{p},\alpha)=0$,且 α 位于市场等期望利润曲线 EF(斜率为$(1-\bar{p})/\bar{p}$)上。

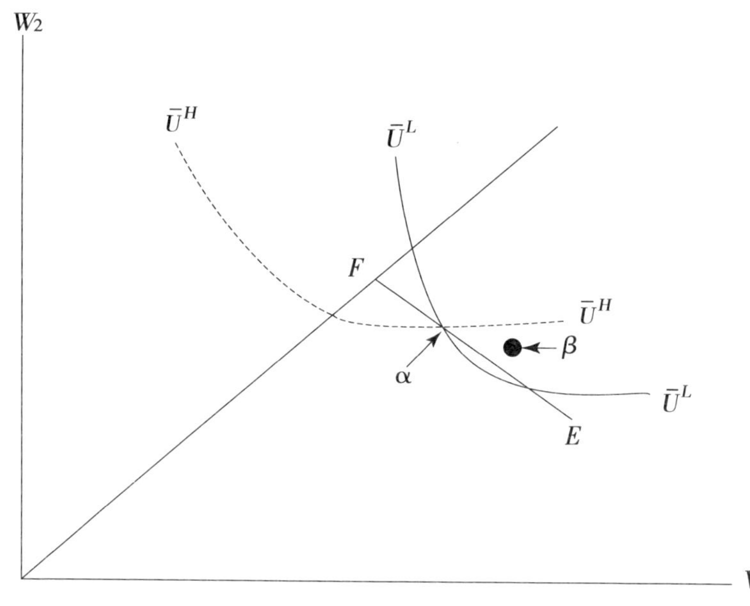

图 2

从(1)式可以得出,过 α 点的高风险无差异曲线 $\bar{U}^H$ 在 α 点的斜率,是过 α 点的低风险无差异曲线 $\bar{U}^L$ 在 α 点斜率的$(p^L/1-p^L)(1-p^H/p^H)$倍。在图 2 中,虚线表示 $\bar{U}^H$,实线表示 $\bar{U}^L$。两条曲线在 α 点相交;因而在 α 附近存在一个合同 β,如图 2 所示,低风险消费者选择 β,高风险消费者将选择 α。由于 β 在 α 附近,这样,当低风险的消费者购买 β 时,保险公司将产生一个收益,$(\pi(p^L,\beta)\simeq\pi(p^L,\alpha)>\pi(\bar{p},a)=0)$。合同 β 的存在与均衡的第二部分定义相矛盾,因而 α 不可能是一个均衡。

如果存在一个均衡,则每种类型的消费者必须购买不同的合同。我们现在已经熟悉的论据可以证明每个合同在均衡集合中都获得零收益。在图 3 中,低风险合同位于曲线 EL 上(斜率为$(1-p^L)/p^L$),而高风险合同位于曲线 EH 上(斜率为$(1-p^H)/p^H$)。如上一部分所论述的那样,高风险消费者偏好的、位于 EH 上的合同提供的是完全保险,如图 3 所示的 α^H 点,这必定是任何均衡的一部分。低风险消费者在所有位于 EL 上的合同中将选择合同 β,β 与 α^H 一样提供完全保险。然而,在两种状态下,β 比 α^H 提供更多的剩余,因而高风险消费者也将选 β 而不选 α^H。如果 β 和 α^H 同时投放市场,那么,高风险和低风险的消费者都将购买合同 β。在该模型中,不完备信息的特征表现为保险公司无法对消费者进行甄别。保险公司对所有要求购买 β 的消费者都必须卖给他们合同 β,结果,保险公司的收益为负;因而(α^H,β)不是均衡解。

低风险消费者的均衡合同一定不会比 α^H 对高风险消费者有更大的吸引力,它必然位于过 α^H 的高风险无差异曲线 $\bar{U}^H$ 的东南方。读者可以证明,在所有合同中,低风险消费者最偏好的是位于

曲线 EL 与 $\bar{U}^H$ 的焦点上的合同 α^L，如图 3 所示。这说明，解集(α^H，α^L)是同时存在低风险消费者和高风险消费者的保险市场中唯一可能的均衡。① 但是，(α^H，α^L)也可能不是一个均衡，考虑图 3 所示的合同 γ，γ 位于通过 α^L 点的低风险无差异曲线 $\bar{U}^L$ 的上方，同时也位于 $\bar{U}^H$ 的上方。如果提供合同 γ，那么，低风险消费者和高风险消费

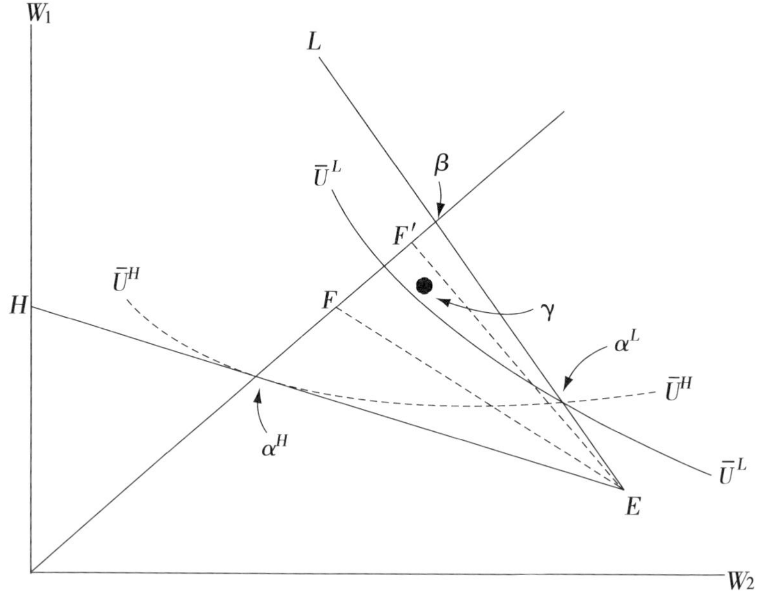

图 3

者都会购买 γ，而不是 α^H 或 α^L。如果当两类消费者购买它时都会产生收益的话，合同 γ 将会打乱潜在的(α^H，α^L)均衡。合同 γ 的收益性依赖于市场的构成方式。如果市场中有大量的高风险消费者，且 EF 代表市场期望利润曲线，那么，合同 γ 会遭受损失。如果市场期望利润曲线为 EF'（如果市场中高风险的消费者相对较

① 这种启发式的论点可以被严格地证明，参见威尔森(1976)。

少,就会出现这种情形),那么合同 γ 将产生收益。由于(α^H,α^L)是唯一可能的均衡,因而在这种情况下,竞争性保险市场中将不存在均衡。

这说明,一个竞争性的保险市场中有可能不存在均衡。

我们还没能找到一个简单而又直观的理由来解释这种均衡的不存在,但是,我们下面介绍的弗兰克·哈恩的报告(1974)可能是有启发性的。一个消费者选择保险合同时显示的信息依赖于所有被提供的其他的保险单,在保险公司决定提供哪种合同时没有考虑这种基本的信息外部性。给定任一盈亏平衡下的合同集,保险公司可能会利用合同集有效性所内含的信息结构进入市场并获利。同时,这种做法会导致原始的合同遭受损失。

但是,在任何一个纳什均衡中,保险公司都没有考虑自己行动的结果,特别是忽略了这样一个事实:当不再提供那些保险单时,信息结构将会改变,因而也就无法获得收益了。

我们可以表示出不存在均衡的情形的特征。如果在混同保险状态下,低风险消费者的成本较低(因为市场中相对较少的高风险消费者必须得到补偿,或者是因为每个消费者得到的补偿较少,即两种类型的消费者的出事概率差别不大),或者,如果在分离保险下,低风险消费者的成本较高,则均衡都不存在。分离保险的成本由于消费者不能获得完全保险而增加。因此,分离保险的成本与消费者对待风险的态度有关。某个极端的情形可以很好地解释这些命题。如果 $p^L=0$,则低风险消费者不会参与混同保险,而且由于持续性,对于足够小的概率 p^L,消费者也不会参与混同保险。同样地,如果消费者是风险中性的,它也不会参与混同保险。如果消费者是严格的风险厌恶者，且有效用函数：

$$\bar{V}(p, W_1, W_2) = \mathrm{Min}(W_1, W_2), \tag{1'}$$

则通常会参与混同保险。

2.7 均衡的福利经济学

均衡的一个有趣性质表现为高风险消费者的存在会对低风险消费者产生一个负的外部性。这种外部性是具有完全消耗性的，低风险消费者会因此而遭受损失，但高风险消费者并不因此而获益。

只有高风险消费者承认他们具有较高的出事概率，所有的消费者才能提高收益，而没有人会遭受损失。

即使相对于可获得的信息而言，我们所描述的分离均衡也没有达到帕累托最优。在以下的 3.3 节中，我们将证明存在一对保单同时达到盈亏平衡，并且使两种类型的消费者都增加收益。

3. 普适性

第 2 部分的分析得到了三个重要结论：第一，不完备信息市场中的竞争比标准的竞争模型更加复杂。具有完备信息的竞争者可能限制消费者可以购买的数量，这不是出于建立垄断力量的意图，而仅仅是为了改善他们的信息状况；第二，均衡有可能不存在；最后，竞争性均衡不是帕累托最优。人们自然要问这些结论（尤其是第一个结论，与其说它是一个分析结论还不如说它是一个假设）是否要靠我们模型中一些特殊的甚至可能是勉强的假设才能成立。

我们不这样认为。我们的结论(或者类似于结论的东西)完全是通过对不完备信息和非对称信息的市场竞争认真分析得出的结果。我们用多种方法分析了改变模型带来的影响,但得到的结果却基本是一样的。

我们分两个步骤来建立普适性模型。首先,指出我们的结论不依赖于模型简单的技术规范。这种做法是冗长乏味的,因而我们在本文中删除了大部分的技术细节。读者如果对改变模型中各种假设产生的影响感兴趣,如消费者在所有方面都尽量降低出事概率、市场中只有两种消费者、保险市场只持续一段特定时期等假设,可参考本文的早期研究;①其次,在下面的 3.1 小节中将讨论消费者知道自己的出事概率,而保险公司不知道他们出事概率的假设(这会产生更多有趣的问题)的重要性。

另一种有关普适性问题的处理方法是下面四个小节讨论的主要内容。在这部分内容中我们对文章第 2 部分使用的行为假设和均衡概念提出质疑。

3.1 信息假设

假设存在两组消费者,且各组消费者并不都有相同的出事概

① 参见罗斯查尔德和斯蒂格利茨(1975)。应该提及这些研究中的一个不寻常的结果。在其他一些均衡的存在性成为问题的经济理论领域,人们通过引入不同类型消费者的连续性的假设来保证均衡的存在。这里不是这样的。如果消费者出事概率连续分布(消费者其他方面完全相同),则绝不会存在均衡。对于这个重要的结论有一个直观的解释。我们在前面讨论过,如果消费者的出事概率很接近,均衡就不存在。当出事概率连续时,总有一些出事概率相近的消费者会选择“混同”合同。参看赖利(1976)对这个结果的证明。

率，其中一组消费者的平均出事概率大于另一组；每个消费者都知道自己所在组成员的平均出事概率，但不知道自己的出事概率。如前所述，保险公司不能直接知道任何特定消费者的出事概率，甚至不知道他属于哪个组。举例来说，假设一些人偶尔喝醉了，而其他人几乎从不喝酒。保险公司不知道谁喝了谁没喝。消费者知道喝酒影响出事概率，但对不同的人影响不一样。每个消费者不知道喝酒对自己的影响程度。

在这种情况下，期望效用理论表明单个消费者会估计（并依此估计采取行动）自己的出事概率；如果他们的估计是无偏的，即实际出事概率与他们估计的出事概率一样都是 p，那么，分析就像以前那样进行。

无偏估计似乎是个合理的假设（什么是更吸引人的替代假设呢？）。然而，我们的结论甚至连这样低水平信念的正确性都不需要。例如，假设消费者有不同的出事概率和风险厌恶程度，但他们都假设自己的出事概率为 p。如果低风险消费者的平均风险厌恶程度较低，那么，就不存在混同均衡，甚至可能连均衡都不存在；如果不存在均衡，两组消费者都只被部分保险。图 4 表明混同均衡不存在的情形。如果存在混同均衡，那么，消费者在市场利润线上显然是被完全保险的，因为两组消费者的无差异曲线具有与市场利润线相同的斜率。如果低风险消费者风险厌恶程度较低，则两条无差异曲线在 F 点相切。但是，在其他位置上，高风险消费者的无差异曲线都在低风险无差异曲线之上。因此，相对 F 点的混同均衡合同，低风险消费者会更加偏好处于两条无差异曲线之间阴影区内的保险合同。

也可以对其他类似情况进行分析，但是我们相信一般原则已经很清楚了。我们得出的具有导向性的结论不要求人们对自己的出事概率有充分信息。他们在许多情形下都可能发生，包括无偏性这种让人感兴趣的情形。保险公司和消费者都不必要完全知道存在于不同消费者之间的风险性质的差异：只要求具有不同风险的消费者在购买保险合同时表现出与其行为相联系的不同的特征，而保险公司则通过某种方式发现这些联系。

3.2 价格竞争与数量竞争的比较

人们可以想象我们的保险市场模型的两种不同的运作方式。

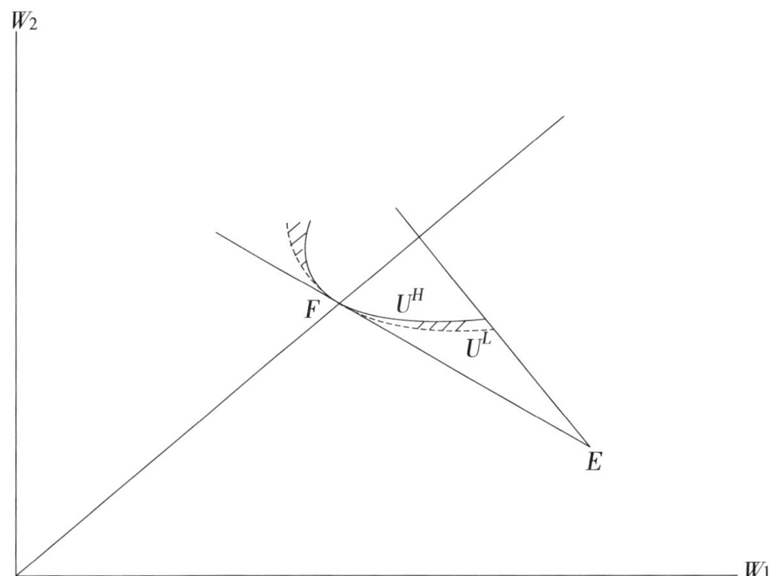

图 4

首先，价格竞争，这是竞争性市场中人们所熟悉的。与任何保险合同 α 相联系的是一个数字 $q(\alpha)=\alpha_1/\alpha_2$，它是每单位保险项目的成本，被称作保险价格。在价格竞争条件下，保险公司规定保险价格，并允许消费者在此价格水平上购买他们想要的或多或少的保险。因此，如果可以从保险公司中获得合同 α，那么，也同样可以获得保险合同 2α 和 $(1/2)\alpha$。前者支付两倍于 α 的赔付额（同时收取两倍于 α 的保费），后者则比 α 便宜一半同时支付 α 一半的赔偿额。

其次，与价格竞争相对应的我们称为价格和数量竞争。在这种情况下，保险公司提供许多不同的保险合同，记为 $\alpha^1, \alpha^2, \cdots, \alpha^n$。每个消费者至多购买一个合同。他们不允许购买任意多样的保险合同，但必须同意接受众多保险合同中的一个。一个特定的保险合同同时规定价格和数量。可以想象，在价格和数量竞争条件下，具有不同价格条款的保险合同以均衡的形式存在；比起那些保险条款较少的合同，需要较多保护措施的人可能愿意为保险条款多的合同支付较高的价格（接受较少的赔付差额）。在价格竞争中，消费者只会购买市场上价格最低的保险。

第 2 部分的证明主要依据的假设是：价格和数量竞争而不是简单的价格竞争描述了竞争性保险市场的特征。这个假设在这里得到了支持，理由很简单。价格竞争是价格和数量竞争的一种特殊情况。在对价格和数量竞争的定义中没有限制保险公司提供一系列具有相同价格的保险合同。既然我们已经证明了价格和数量竞争下所有均衡的性质，也证明了一些保险公司采取价格竞争而另一些保险公司采取价格和数量竞争情形下所有均衡的性质，因此，价格竞争自然不能与价格和数量竞争相提并论。①

① 我们把详细的证明留给读者自己完成，下面是一个简单说明。假设有两类消费者，如果保险价格是 q，高风险消费者和低风险消费者分别购买保险 $\alpha^H(q)$ 和 $\alpha^L(q)$，保险公司的总利润为 $P(q)$。均衡价格 q^* 是满足 $P(q)=0$ 的最小的 q 值。由于 $P(q)$ 是 q 的连续函数，所以很容易找到满足 $P(q)>0$ 和 $P(q)<0$ 的 q 值，因此，q^* 是存在的。为了表明价格竞争难以存在，我们只需要证明 $(\alpha^H(q^*), \alpha^L(q^*))$ 不是 2.4 小节中定义的一组均衡合同。

这个证明依赖于我们一个重要假设:无论何种形式的竞争,消费者只是购买单一的保险合同或者相当于单一保险合同的合同,向消费者推销保险合同的保险公司知道消费者购买的保险总额。我们认为,这至少是对某些保险市场程序的精确描述。许多保单要么是在存在其他保单的情况下无效,要么,只对第一笔损失如遭受 1000 美元的损失进行保险。这就是说,对保险公司而言,保单是一种在出事时至少要部分偿付损失的承诺,而不是对具体事件是否发生的简单打赌。购买了两份 1000 美元意外保单的消费者并不能获得价值 2000 美元的赔付。如果出事,消费者从第二份保单中能得到的只是监督保险公司讨论决定 1000 美元赔付的特权。购买一份以上的保单是没有意义的。

为什么保险市场以这种方式运作?一个简单而明显的解释是道德风险。因为投保人可能经常,或者至少更有可能在投保后发生意外,所以,保险公司想限制消费者购买保险的数量。保险公司不想看到消费者因为购买了大量的保险以至于他们对出事产生兴趣。因此,保险公司想监控消费者的购买行为。上面描述的发行保险合同的方法就是一种明显的监控方法。

关于价格和数量竞争比价格竞争占优的证明提供了对这种业务的更细致的解释。如果市场在价格竞争下处于均衡,保险公司能够提供一份同时规定价格和数量的保险合同,它将把低风险消费者从只有价格竞争的保险公司那里吸引过来,那些只有高风险消费者的保险公司将遭受损失。如果新进入的保险公司能确保购买其合同的消费者没有购买其他的保险合同,这种竞争策略就会成功地打乱价格竞争的均衡。提供只对没有另外投保的保险进行赔偿的保险合同是保证均衡存在的一种方法。

“竞争性”这个术语有时只用来特指存在单一的商品价格以及厂商作为价格接受者的市场情况，这好像是对使用竞争性概念的不必要限制。竞争性市场的基本内涵包括自由进入以及市场参与者之间没有串谋行为。在某些经济环境中，没有数量限制的价格接受是这种市场的必然结果。但本文描述的情形并非如此。

3.3 对组织行为和最优补贴的限制

第 2 部分的一个重要前提是假设每个保险公司只销售单一的保险合同。我们曾经认为这个限制不会影响均衡的本质，并证明在均衡状态下保险公司将获得正的利润。假设保险公司提供两种合同，其中一种合同每卖出一个时产生期望利润 S 美元，另一种合同每卖出一个亏损 L 美元。如果卖出的赢利合同对亏损合同比例不低于 μ，这里，$\mu=L/S$，那么，企业将获得正的利润。显然，如果企业只卖赢利合同，它将获得更多的利润。保险公司和它的竞争对手都没有理由销售亏损合同，而且在竞争性均衡状态下将不会提供亏损合同。既然只有利润为正的合同才会被提供出来，那么，给定我们关于市场进入的假设，企业可以被认为只提供单一合同。如果一个合同能够赢利，企业就会提供。

这个论点是不正确的，提供不止一个合同的可能性对企业、对均衡的本质以及均衡的存在性都是很重要的。那些提供几个合同的保险公司与其他保险公司根据消费者选择合同时显示的信息而提供的保险单是相互独立的。通过销售一揽子保险单，保险公司可能获得关于特定消费者出事概率的信息。此外,虽然不存在一个合同的赢利能够补贴另一个合同的损失的均衡状态,但也不会得出一个合同组合在其他情况下不能成为均衡的结论。

这种情况在图 5 中得到说明。曲线 EF 依然表示市场利润线,存在一个分离均衡($\bar{\alpha}^H$,$\bar{\alpha}^L$)。假设保险公司提供两种合同 $\alpha^{H'}$ 和 $\alpha^{L'}$;$\alpha^{H'}$ 亏损,而 $\alpha^{L'}$ 获利。相对于$\bar{\alpha}^H$ 而言,高风险消费者更偏好 $\alpha^{H'}$;同样,相对于$\bar{\alpha}^L$ 而言,低风险消费者更偏好 $\alpha^{L'}$。如果这两种合同由一个保险公司单独提供,该公司将不会亏损,从合同 $\alpha^{L'}$ 中的获利将弥补合同 $\alpha^{H'}$ 的亏损。因此,($\alpha^{H'}$,$\alpha^{L'}$)打乱了均衡($\bar{\alpha}^H$,$\bar{\alpha}^L$)。

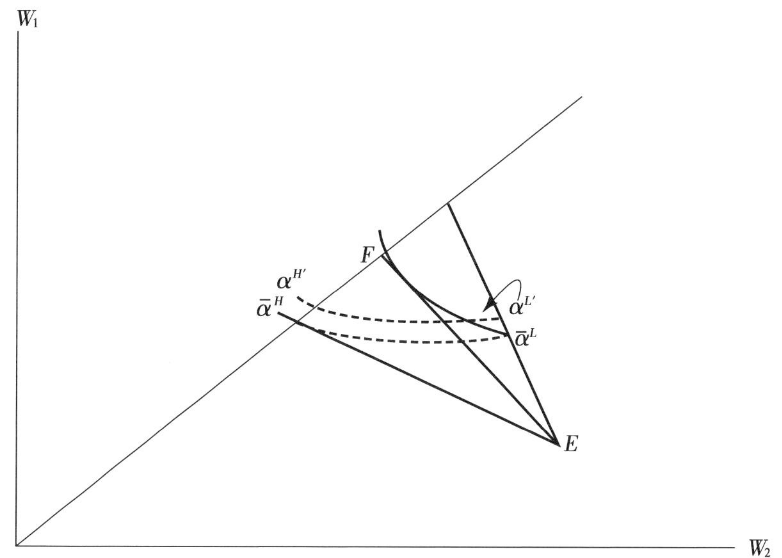

图 5

这个例子指出分离均衡另一种可能的无效性。考虑选择两种合同(α^H,α^L)的问题,合同 α^L 使得低风险消费者的效用最大化有两个限制条件:(1)相对于 α^L 而言,高风险消费者更偏好 α^H;(2)当高风险消费者和低风险消费者以 λ 与($1-\lambda$)的比例分别购买合同 α^H 与合同 α^L 时,组合 α^H 和 α^L 达到盈亏平衡,这是一个补贴最优化问题。如果存在分离均衡的话,它不能解决这个问题,这说明分离均衡是无效的,如图 5 所示。我们现在说明,如果市场中有足够多的高风险消费者,那么,分离均衡则可能是有效的。

补贴最优化问题总是有解(α^{H*},α^{L*})。最优的高风险合同 α^{H*} 总是提供充分保险,使得 $V(p^H,\alpha^{H*})=U(W-p^Hd+a)$,这里,$a$ 是低风险合同对高风险合同的单位补贴。这种补贴在每种状态下都降低了单个低风险消费者 γa 的收入(这里,$\gamma=\lambda/(1-\lambda)$)。当低风险消费者购买 α^{L*} 时,这种净损失达到盈亏平衡。因此,$\alpha^{L*}=(\alpha_1+\gamma a,\alpha_2-\gamma a)$,这里,$\alpha_1=\alpha_2p^L/(1-p^L)$。

为了得到最优合同,可以求解以下问题:选择 a 和 α_2,使得

$$U(X)(1-p^L)+U(Z)p^L,$$

最大化,约束条件为:

$$U(Y)\geqslant U(X)(1-p^H)+U(Z)p^H,$$

$$a\geqslant 0,$$

其中:

$$X=W_0-\gamma a-\alpha_2p^L/(1-p^L),$$

$$Y=W_0-p^Hd+a.$$

$$Z=W_0-d-\gamma a+\alpha_2.$$

这个问题可以用标准的库恩—塔克方法分析求解。如果 $a\geqslant$

0 的限制条件在最优状态下得到满足,那么,该最优解就不包括对高风险消费者的补贴;($\alpha^{H*}\alpha^{L*}$)是一个分离均衡。下式虽然冗长但能明确地表示本问题的一个充分条件:

$$\frac{(p^H-p^L)\gamma}{p^L(1-p^L)}>\frac{U'(Y)[U'(Z)-U'(X)]}{U'(X)U'(Z)} \tag{4}$$

这里的 X,Y,Z 由最优解$\alpha_1{}^*$ 和 $\alpha_2{}^*$ 决定。(4)式的右边总是小于

$$\frac{U'(W_0-d)[U'(W_0-d)-U'(W_0)]}{U'(W_0)^2}$$

因此,存在足够大的 γ(和相应的 λ)满足(4)式。

3.4 其他的均衡概念

我们使用了许多其他的均衡概念。这些概念随着对市场上企业行为的不同假设而不同。在我们的模型中,企业假设其行为不会影响市场,即其他企业提供的保险单与本企业提供的保单无关。

在这一小节中我们考虑其他几个均衡概念,以表明它们在市场上或多或少的合理性。例如,我们可以在给定购买合同的消费者条件下,把任何一组达到盈亏平衡的保险单称为信息一致性均衡(Informationlly consistent equilibrium)。这假设在缺少利润的情况下创造新合同的压力相对较弱。因此,在图 3 中,α^H 和 EL 曲线上位于 α^L 以下的任一合同是一组信息一致性的分离均衡合同。这是斯彭斯(1973)应用的均衡概念,这一概念被大多数相关论文采用。组织间隔时间越长,通过提供不同的合同开展竞争的难度就越大,信息一致性均衡就越稳定。因此,虽然在我们看来它

对于斯彭斯所重点研究的教育信号传递模型来说似乎是合理的均衡概念，但应用在保险或信贷市场上则要逊色得多(参见贾菲和拉塞尔对该专题的研究)。

一个局部均衡是指在它附近不存在任何其他可供选择并能赢利的合同的一组合同。如果我们除去上一小节中的补贴，那么，使低风险消费者福利最大化的分离合同就是一个局部均衡。

保险公司的行动类似于那些市场上业已存在的合同，这引出了局部均衡的概念。即使保险公司对效用函数的形状和人群中不同出事概率者的比例一无所知，人们也可以预计到市场竞争会导致均衡的轻微波动。一个稳定的均衡要求这种波动不会让保险公司获利太大，这如同在混合均衡点附近有一些波动的情形那样。

这两个均衡概念意味着保险公司表现得并不像我们在第 2 节中假设的那样理性。保险公司也可能表现得更理性一点。也就是说，保险公司不应该把其他公司提供的那组合同视作是给定的，而应该假设其他公司将会和它采取一样的行动，或者至少会对自己提供的新合同做出某种反应。因此，我们定义中的那些情形不存在均衡，因为在给定其他企业提供的合同保持不变的情况下，对于其中任何一组合同，总有一个合同会达到盈亏平衡并被一部分人采用，即使其他企业也改变合同，那些破坏均衡的合同也不可能达到盈亏平衡。许多保险合同直到保险期结束(当消费者得到所谓的股息)时才确定有效保费的特殊条款，可能是对保单购买主体不确定性的一种反映，这种反映反过来又与消费者不能确定其他保险公司能提供什么样的保险合同相联系。

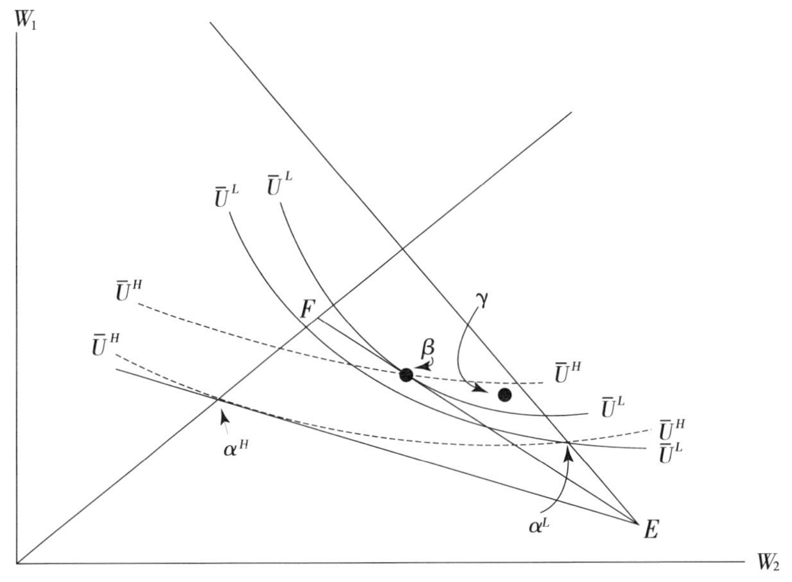

图 6

威尔逊(1976)介绍并分析了一个非常有远见的均衡概念。威尔逊均衡是一组消费者选择它以使其利润最大化的合同:(1)所有合同的利润非负;(2)不存在这样一个新的合同(或一组合同),如果它被提供,即使撤销了所有因为新合同的进入而产生损失的合同,它也会产生正的收益。在第 2 节的简单模型中,这样的均衡总是存在。将这个定义与前面 2.4 节的定义相比较可以看到,当我们的分离均衡存在时,它一定是一个威尔逊均衡。当分离均衡不存在时,威尔逊均衡是一个使低风险消费者效用最大化的混同合同,即图 6 中的 β,β 优于分离合同(α^L,α^H)。考虑合同 γ,相对于合同 β 而言,低风险消费者更偏好 γ。按照我们的均衡定义,γ 将取代 β。按照威尔逊的定义,γ 不会取代 β。当低风险消费者放弃 β 转而购买 γ 时,合同 β 将因亏损而被取消。于是,高风险消费者也

会购买 γ。当两类消费者都购买合同 γ 时,该合同将会亏损。所以,γ 不可能成功取代 β。

虽然这个均衡的概念很有吸引力,但也不是没有问题。它就像盖了一半的房子,保险公司通过减少保险条款而不是通过增加新条款的方式来对付竞争性保险公司的进入。此外,虽然复杂得难以构造,但当消费者对待风险的态度不一样时,威尔逊均衡有可能不存在。最后,在一个没有串谋或管制的竞争性保险市场上,很难发现任何单个保险公司如何或为什么要考虑提供新的保险条款而带来的结果。总之,在我们看来,这个有远见的均衡概念更适合于垄断模型(或寡头垄断),而不是竞争模型。

4. 结论

本文研究的目的是希望证明即使是少量的不完备信息也有可能对竞争性的市场产生重大影响,结论却比我们预计的更加让人难以置信:常规的竞争性分析下的单一价格均衡已不再适用;当市场中存在均衡时,构成该均衡的各个合同同时注重价格和数量两个方面;高风险(低能力等)消费者对低风险(高能力)消费者产生一个消耗性的外部影响;均衡的结构及其存在都依赖于一系列的假设,而这些假设在完备信息条件下是没有意义的;最后,一定程度上让人觉得很困惑的是,在某些牵强的条件下均衡并不存在。

我们的分析及结论已经超越了上述简单的保险市场的范畴。阿罗(1973)、赖利(1975)、斯彭斯(1973、1974)以及斯蒂格利茨(1971、1972、1974a、1975b)等研究的教育信号甄别和信号传递模型都是明显的例子。可以利用我们的方法和概念对该专题中的其他论文描述的模型进行有益的研究。有关公众选择公共物品的水平以及消费者根据不同社区提供的公共物品和税收清单选择社区的模型提供的案例尽管不显著,但我们认为仍然是很重要的。①

这些理论的推测能告诉我们有关真实世界的一些情况吗?这在缺乏实证研究的情况下是很难说的。我们重点分析的市场即保险市场有可能是没有竞争性的;我们的理论是否可以部分地解释这个事实几乎无从得知。但是,存在着其他的市场,特别是金融市场和劳动力市场,这些市场看上去是具有竞争性的。在这些市场中,不完备和非对称信息起着重要的作用。我们猜想,大概许多劳动力市场中所特有的原理都是由于对劳动力市场或任何其他竞争性市场中处理信息问题的困难做出反应时产生的。证实(或反驳)这个猜测似乎可以作为未来研究的一项内容。

① 参看韦斯特霍夫的学术演讲(1974),以及斯蒂格利茨(1974b)。关于该问题的更为详尽的讨论参见罗斯查尔德和斯蒂格利茨(1975)。可以沿着该路线分析萨洛普和萨洛普(1972)在他们以前的一个专题论文草稿中讨论的学费偿还中有条件的信贷计划及其可能存在的缺陷。

参考文献

Arrow, K. J. , *Essays in the Theory of Risk Bearing* (Chicago: Markham, 1971).

——, "Higher Education as a Filter, " *Journal of Public Economics*, Ⅱ (July 1973), 193—216.

Borch, K. , *The Economics of Uncertainty* (Princeton, N. J. : Princeton University Press, 1968).

Hahn, F. H. , "Notes on R-S Models of Insurance Markets," mimeo, Cambridge University, 1974.

Riley, J. , "Competitive Signaling, " *Journal of Economic Theory*, Ⅹ (April 1975), 174—186.

——, "Informational Equilibrium, " mimeo, Rand Corporation, 1976.

Revesz, P. , *Laws of Large Numbers* (New York: Academic Press, 1960).

Rothschild, M. , and J. E. Stiglitz, "Equilibrium in Competitive Insurance Markets,"Technical Report No. 170, IMSSS Stanford University, 1975.

Spence, M. , "Job Market Signaling," this *Journal*, LXXXVII (Aug. 1973), 355—379.

——, *Market Signaling* (Cambridge: Harvard University Press, 1974).

Stiglitz, J. E. , "Perfect and Imperfect Capital Markets,"paper presented to Econometric Society Meeting, New Orleans, 1971.

——,"Education as a Screening Device and the Distribution of Income,"mimeo Yale University,1972.

——,"Demand for Education in Public and Private School Systems," *Journal of Public Economics*, Ⅲ (Nov. 1974a),349—386.

——,"Pure Theory of Local Public Goods," in M. Feldstein ed. IEA Conference Volume (Turin, 1974b.).

——, "The Theory of Screening, Education, and Distribution of Income," *American Economic Review*, LXV (June 1975), 283—300.

Westhoff, Frank H., "The Theory of Local Public Goods," Ph. D. thesis, Yale University, 1974.

Wilson, Charles A., "Equilibrium in a Class of Self-Selection Models," Ph. D. thesis, University of Rochester, 1976.

不完备信息市场中的信贷配给*

约瑟夫·斯蒂格利茨　安德鲁·温斯

为什么会出现信贷配给呢？最基本的经济学原理告诉我们只有供给等于需求时市场才能达到均衡；如果需求小于供给，价格将会上升，此时，需求将会减少和(或)供给将会增加直到在新的均衡价格下供给等于需求为止。因此，价格确实在起作用，信贷配给现象将不存在。然而，信贷配给同失业一样是确实存在的，它们表面上是由可贷资金的超额需求和工人的超额供给引起的。

解释这些现象的一种方法是将它们区分为长期失衡和短期失衡。在短期情况中，它们被看作是一种暂时的失衡现象。就是说，经济在受到了原因不明的外生冲击时，由于劳动和资本的价格(工资和利率)具有某种黏性，在经济由失衡回复到均衡这段过渡期中，就会出现信贷配给和工作岗位配给现象。另一方面，该理论认为，在长期内，失业(超过“自然率”的失业)或者信贷配给是由政府实施诸如高利贷管制法案或者最低工资法案等措施造成的。①

---

* 相应地发生在贝尔电话实验室公司、普林斯顿大学和贝尔实验室公司。我们十分感谢布鲁斯·格林沃德、亨利·兰德、罗勃·波特和安迪·波斯特维特有益的意见和建议。我们还非常感谢国家科学基金的资助。本文的早期版本曾在1977年新汉普郡斯阔姆湖召开的社会科学数学方法研究会的会议上发表过。

① 确实，即使市场不是竞争性的，人们也不希望存在信贷配给。例如，即使排除超额需求的因素，利润最大化的目标也会驱使具有垄断力的银行提高放款的利率。

本文希望证明在均衡状态下信贷市场仍会出现信贷配给现象。作为放款者的银行关心的是贷款利率和该项贷款的风险，然而，由银行操纵的利率通过以下两种途径之一会影响到该银行所有放款项目的风险程度：(1)影响潜在借款者的风险程度（逆向选择效应）；(2)影响借款者的行动（激励效应）。两种效应都派生于借款市场中的不完备信息，这种不完备信息是在银行评估借款申请后出现的。当价格（利率）影响到交易的性质时，它将不能使市场出清。

利率之所以具有逆向选择的作用是因为不同借款者的还款概率不同。银行的期望报酬取决于借款者的还款概率，因此，银行十分想弄清楚哪些借款者的还款概率较高。但是，对于银行来说这是十分困难的，要达到这个目的，银行需要使用一系列的甄别措施。借款人愿意负担的利率水平便是众多的甄别措施之一：那些愿意支付高利率的借款人具有较高的风险程度。他们愿意支付更高的利率是因为觉察到他们能够还款的可能性较低。因此，当利率上升时，借款者的平均风险程度上升，这可能降低银行的收益。

同样，当利率和其他的合同条款改变时，借款者的行为可能会发生变化。例如，利率上升会降低项目成功时的收益。我们将证明利率越高借款者越倾向于投资那些低成功率但成功时报酬较高的项目。

在完备信息且信息无成本的情况下，银行可以准确无误地掌握借款者采取的所有行动（那些可能关系到放款者报酬的行动）。但是，银行并不能直接控制借款者所有的行为。因此，银行能做的事情只是争取使借款合同既能够吸引到低风险的借款客户又能促使借款人在采取行动时多考虑银行的利益。

正是由于这些原因，银行期望回报的增加要慢于利率的上升。如图 1 所示，当利率上升超过某一值后，银行的期望收益会下降。我们将银行期望报酬最大化的利率值称为银行的最优利率水平$\hat{r}^*$。

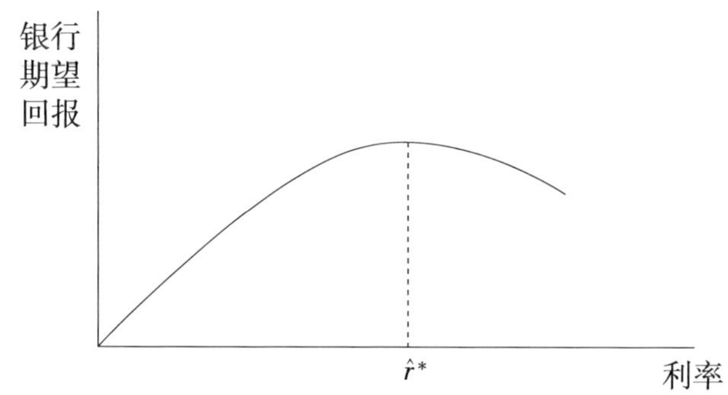

图 1　存在使银行期望报酬最大化的利率水平

借款的需求与供给数量由利率决定（后者由 $\hat{r}^*$ 点处的银行期望报酬决定）。显然，在 $\hat{r}^*$ 处，资金的需求超过了供给。传统的分析认为，当资金的需求超出供给时，那些借款要求未得到满足的借款者愿意支付更高的利率，如此使得利率水平上升，直到需求等于供给。但事实却是，尽管在 $\hat{r}^*$ 处需求不等于供给，它却是均衡的利率水平，银行不愿意放款给那些愿意支付比$\hat{r}^*$ 更高利率水平的借款人。银行认为，如果以更高的利率水平放款，它们将承受比$\hat{r}^*$ 更高的风险，从而使它们的报酬低于在 $\hat{r}^*$ 处能够得到的报酬。于是，不存在任何动力使得供给与需求相等，因而就出现了信贷配给。

然而，利率并非借贷合同的唯一条款。借款数量、担保物数量，及银行要求的借款申请人的净资产水平都将影响借款人的借款行为和银行在申请者间的款项分配情况。在第3部分，我们将证明放款者在担保要求超过某一点时会降低其收益，这主要是因为银行要求的担保越多，所有借款人的平均厌恶风险水平将越低。而在多时期模型里，投资者也将倾向于投资风险更大的项目。

结果，在银行面临一个超额的借款需求时，它提高利率或者增加担保要求并不一定会获利更多。相反，它会拒绝那些与已经得到借款的借款人没有明显差别的借款者的借款要求。①

在此，我们不认为信贷配给总是可以描述资本市场，而是认为在一些关于借贷双方行为的合理假设下会出现信贷配给。

本文第一次对现实存在的信贷配给现象给出了理论上的证明。以往的研究只力求解释为什么每个借款人面临的都是向上倾斜的利率表。他们给出的解释包括：(1)当借款者的借款数量越大时，其违约的可能性越大(参见斯蒂格利茨(1970、1972)；马歇尔·弗赖姆和迈伦·戈登；德怀特·贾菲；乔治·斯蒂格勒)；(2)借款者的总体状况呈反向变化(参见贾菲和托马斯·拉塞尔)。在这样的背景下，我们应理所当然地认为信誉记录好的借款者不可能与信誉记录糟糕的借款人在同一利率水平上得到借款。同样，我们应知道，银行向不同规模的借款索取不同的利率。

然而，我们将信贷配给定义为以下两种情况之一：(1)在无差别的贷款申请人中，一些人获得了贷款而另一些人却没有获得贷款，那些没有获得贷款的人即使愿意支付更高的利率也还是得不到贷款；(2)无论贷款的供给多么充足，总会有一些人在任何利率

① 在完成本文后，我们的注意力转向了基顿的著作。在第三章中，他提出了信贷配给激励方面的原因。

水平下都无法得到贷款。①

我们构建的信贷配给均衡模型中有多家银行和多个潜在借款者。借款者和银行分别通过选择投资项目和索取利率(存款者获得的利率水平由零利润条件决定)来追求自身利润最大化。显然,我们讨论的均衡并非那种"价格占主导"的均衡。由于银行之间是竞争的,所以,我们研究的均衡是竞争性均衡,这种均衡是通过竞争的银行选择价格(利率)来使自身利润最大化而达到的。读者应该注意到,在下面的模型中存在使可贷资金需求与供给相等的利率水平,然而,总的来说,它们并不是均衡的利率水平。因为在这些利率水平下,银行可以通过降低利率来增加利润,而且它们也愿意这样做。

尽管我们是在信贷市场中得到这些结论,但本文第 5 部分证明了这些结论可以应用到广泛的委托—代理问题中(包括地主—佃农或者雇主—雇员关系的讨论)。

1. 作为甄别机制的利率

在这一部分中,我们将着重讨论利率在甄别不同风险借款人方面所起的作用。假设银行掌握一组投资项目的情况,每个项目 θ 的总报酬 R 具有一个概率分布。此时,假设借款者不能改变该分布。

① 还有另一种信贷配给的形式,在 1980 年的文章中我们曾讨论过:银行可能会依据先期的业绩情况来决定后期的信贷供给,这样,即使后期项目比前期的更重要,银行也可能拒绝贷款。

不同公司报酬的分布不同。我们起初已经假设了银行可以区分不同收益均值的投资项目，所以首先考虑银行面对同收益均值项目时的决策问题。毫无疑问，银行无法确定项目的风险程度。为简单起见，我们将报酬①的概率分布写成 $F(R,\theta)$，其密度函数为 $f(R,\theta)$，且假设在均值不变的分布中 θ 越大意味着项目的风险越大②(参见罗斯查尔德－斯蒂格利茨)，即对于 $\theta_1>\theta_2$，如果，

$$\int_0^\infty Rf(R,\theta_1)dR=\int_0^\infty Rf(R,\theta_2)dR \tag{1}$$

那么，对于 $y\geqslant 0$，

$$\int_0^y F(R,\theta_1)dR\geqslant\int_0^y F(R,\theta_2)dR \tag{2}$$

如果借款者借了数额为 B 的资金，利率为 $\hat{r}$，那么，可以说在回报 R 与抵押品 C 之和不足以偿还所需偿还的资金数额时，借款人就有可能违约，③即，如果

$$C+R\leqslant B(1+\hat{r}) \tag{3}$$

因而借款人的净收益 $\pi(R,\hat{r})$ 可以写为

$$\pi(R,\hat{r})=\max(R-(1+\hat{r})B;-C) \tag{4a}$$

银行的收益可写为

① 这些是主观的概率分布：对银行来讲，它们的主观感觉可能不同于公司的主观感觉。

② 迈克尔·罗斯查尔德和斯蒂格利茨证明了条件(1)和条件(2)暗示了项目2比项目1具有更大的方差，尽管逆命题不成立。这就是说，在衡量风险方面，均值不变分布的标准比递增方差标准要更强。他们还证明了(1)和(2)也可以解释为：给定两个具有相同均值的投资项目，每个风险厌恶者都会更加愿意选择项目1而非项目2。

③ 这并不是唯一可能的定义。如果 $R<B(1+\hat{r})$，公司也可以被说成违约。由这个简明定义并不能推出什么。我们假设，如果公司违约，银行对 $R+C$ 有第一追索权。我们的分析很容易扩展到包括破产成本的情况。然而，为了简化分析，我们通常忽略这些成本。在这部分内容中我们将假设公司(个人)只投资一个项目并且是有限责任的。存在负债的均衡问题将在第3部分中讨论。

$$\rho(R,\hat{r})=\min(R+C;B(1+\hat{r})) \tag{4b}$$

这就是说，借款人必须偿还其所承诺的数额或者偿还他所能够偿还的$(R+C)$。

为简单起见，假设借款人拥有固定的资产净值（借款人不能使其增加），借款人和放款人是风险中性的，银行资金的供给不受银行索取利率的影响，项目的成本固定，企业只有在借到足够的项目所需资金时才会开始投资项目，即项目投资是不可分割的。为了符号上的简化，假设每个项目需要的资金是相同的，那么，借款申请数量的分布函数与借款申请货币价值的分布相同（在更一般的模型中，我们将每个借款者的借款数额定义为合同条款的函数；借款人风险情况的变化不仅可能由借款人组成情况的变化引起，而且可能由不同组别借款人借款申请规模的变化引起）。

接下来，我们试图证明利率确实起到甄别作用。更准确地讲，可以建立以下定理：

定理 1：给定利率水平 $\hat{r}$，便有一个临界价值 $\hat{\theta}$ 使得公司当且仅当在 $\theta>\hat{\theta}$ 时才会向银行借款。

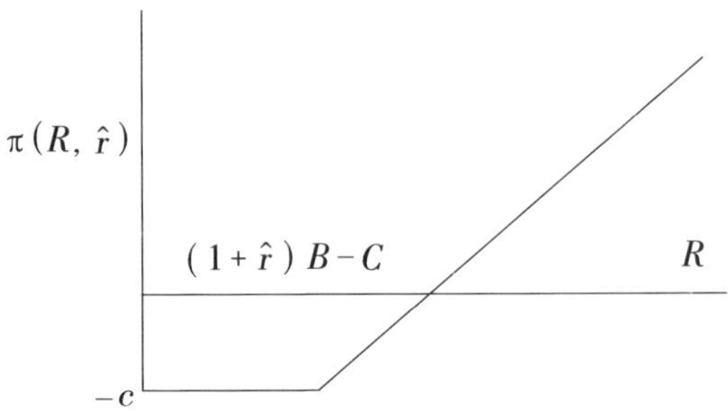

图 2a　公司利润是项目报酬的一个凸函数

这个定理可以通过观察图 2a 得到，在图 2a 中，利润是 R 的一个凸状函数。因此，期望利润是随着风险的增加而上升的。

对于每一个 $\hat{\theta}$ 的价值，期望利润为 0，所以

$$\prod(\hat{r},\hat{\theta})\equiv\int_0^{\infty}\max[R-(\hat{r}+1)B;-C]dF(R,\hat{\theta})=0 \qquad (5)$$

我们认为，利率的逆向选择作用之所以会使银行在提高利率时收益下降，是因为利率上升时，借款申请人的风险状况变得更糟，或者说

定理 2：当利率上升时，θ 的临界价值（低于该值，个人将不会借款）将上升。

将(5)式微分可得到：

$$\frac{d\hat{\theta}}{d\hat{r}}=\frac{B\int_{(1+\hat{r})B-C}^{\infty}dF(R,\hat{\theta})}{\partial\prod/\partial\hat{\theta}}>0 \qquad (6)$$

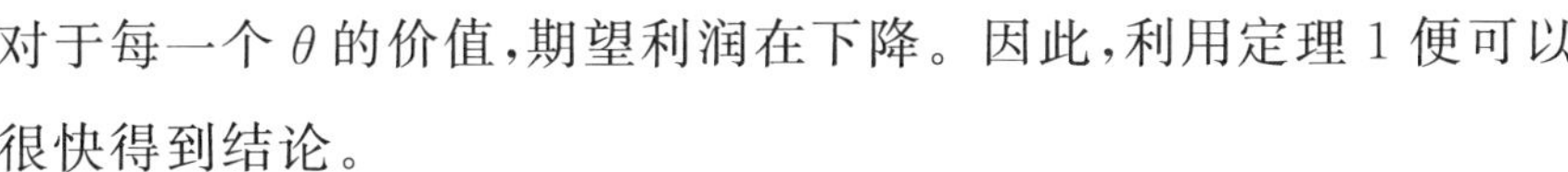

对于每一个 θ 的价值，期望利润在下降。因此，利用定理 1 便可以很快得到结论。

下面我们给出定理的证明：

定理 3：银行对每一笔贷款的期望收益是该款项风险程度的递减函数。

证明：

由(4b)式可知，$\rho(R,\hat{r})$是 R 的凹函数，因此，可立即得到以上结论。$\rho(R,\hat{r})$的凹性特征由图 2b 给出。

由定理 2 和定理 3 可知，利率上升不仅可以使银行的报酬增加，而且可以通过间接的逆向选择作用使银行的报酬下降。现在，我们试图证明这种间接的逆向选择作用的结果可能超过前者。

为了更清楚地理解这一点，假设有两组借款人，风险低的借款者只有在 $r<r_1$ 时才愿意借款，风险高的借款人只有在 $r<r_2$ 时才愿意借款，当然 $r_1<r_2$。当利率上升到略微大于 r_1 时，借款者的

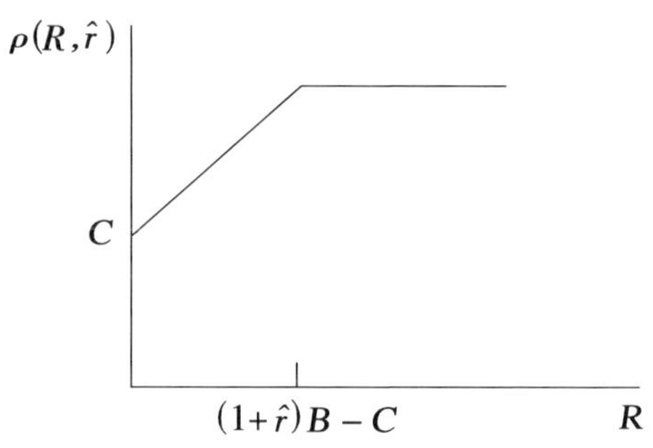

图 2b　银行报酬是项目报酬的一个凹函数

构成将发生剧烈的变化：所有低风险者将退出信贷市场（见图 3）。同理，我们可以得到以下定理：

定理 4：如果潜在借款者的数量（或者借款者的类型）是离散分布的，每个借款者具有不同的 θ，那么，$\bar{\rho}(\hat{r})$ 不是 $\hat{r}$ 的单调函数，因为当每个呈连续分布的一组人退出市场时，$\bar{\rho}$ 会非连续地下降（其中，$\bar{\rho}(\hat{r})$ 是银行在 $\hat{r}$ 处从一组申请者处得到的收益均值）。

其中，关于 $\bar{\rho}(\hat{r})$ 非单调的其他条件留在后文中讨论。定理 5 和定理 6 证明了为何非单调性如此重要。

定理 5：当 $\bar{\rho}(\hat{r})$ 具有内部模式时，将存在资金的供给函数使得包含信贷配给的均衡存在。

当瓦尔拉斯均衡的利率水平（使资金供求相等的利率）存在时，事实上会导致一个对于 $\bar{\rho}$ 更低的利率水平，而银行的报酬会更高。

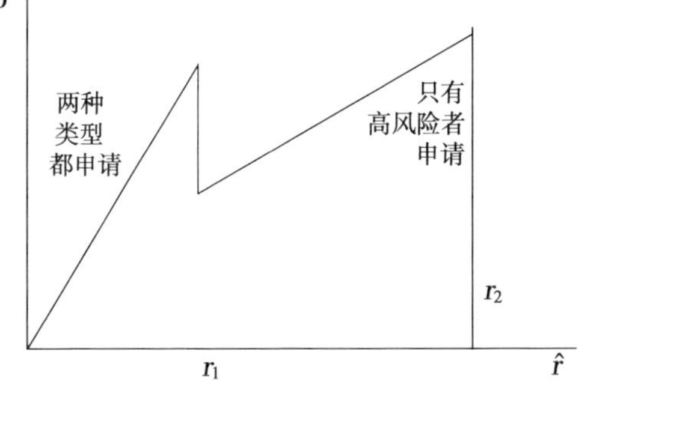

图 3　最优利率水平 r_1

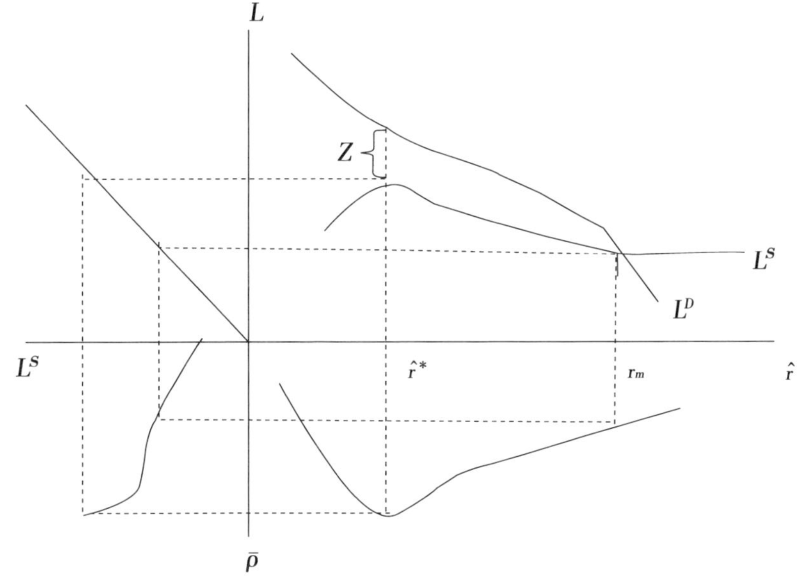

图 4　市场均衡的决定

在图 4 中，我们展示了一个信贷配给均衡，因为对资金的需求取决于银行索取的利率 $\hat{r}$，而资金的供给取决于借款的平均报酬 ρ，我们不能应用传统的需求表来对其进行分析。借款需求是银行

向借款者索取利率的一个递减函数，第一象限中给出了这个关系 L^D。由图 4 中的第四象限给出了利率与银行每贷出一美元的期望报酬间的非单调关系。在第三象限中，我们描绘了 $\bar{\rho}$ 与可贷资金供给 L^S 间的关系(我们将 L^S 描述为 $\bar{\rho}$ 的一个递增函数。事实上，这并非是我们分析所必要的)。如果银行在争取客户时是竞争的，那么，$\bar{\rho}$ 是储户获得的利率。在第一象限中，因为 $\hat{r}$对每笔借款的回报都会产生影响，我们将 L^S 描绘为 $\hat{r}$的函数。因此，在$\bar{\rho}$ 的利率水平上，银行能吸引到资金。

在给定图 4 所示各种关系时，便存在信贷配给的均衡；在 $\hat{r}^*$ 处借贷资金的需求超过供给，且银行将利率提高超过 $\hat{r}^*$ 后，其借出的每一美元的收益将下降。对借贷资金的超额需求用 Z 来测度。我们注意到存在利率水平 r_m 使得借贷资金的需求等于供给，但 r_m 并非均衡的利率水平。银行可以通过索取 $\hat{r}^*$ 水平的利率而非 r_m 来提高其利润：低于 r_m 的利率水平将至少吸引到所有那些在 r_m 水平借款的借款人，这样，银行便可以在每笔放款(或者说每一美元放款)上得到更大的利润。

图 4 还常常用来显示市场均衡的一个重要的比较静态特征：

推论 1：随着资金供给的增加，对借贷资金的超额需求将降低，但是，只要存在信贷配给，那么，银行索取的利率便会维持不变。

诚然，Z 最终降为 0，借贷资金供给的进一步增加将降低市场利率。

图 5 表示了函数$\bar{\rho}(r)$具有多重解的情况，定理 6 描述了这些

情况下的均衡性质。

定理6：如果$\bar{\rho}(r)$具有多种模式，市场均衡既可以出现在等于或低于市场出清的单一利率水平上，也可以出现在两个利率水平上，在稍低一点的水平上，存在对资金的超额需求。

证明：

将瓦尔拉斯均衡的最低利率水平记为r_m，并将使$\rho(r)$最大化的利率水平记为$\hat{\hat{r}}$。如果$\hat{\hat{r}}<r_m$，那么，对于定理5的分析将不受模式多样性的影响。在利率水平为$\hat{\hat{r}}$时，存在信贷配给。即使被配给的借款者愿意出更高的利率，他们仍得不到贷款。

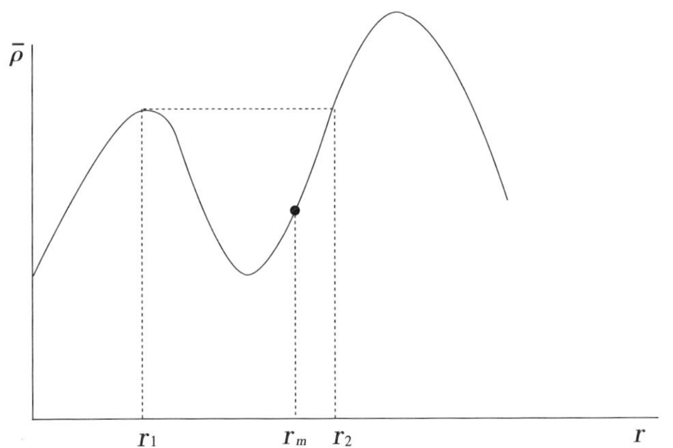

图5 两个利率的均衡

另一方面，如果$\hat{\hat{r}}>r_m$，那么，将存在两个贷款的利率水平，记为r_1和r_2。r_1是在$r<r_m$条件下使$\rho(r)$最大化的利率水平；r_2是比r_m大且能使$\rho(r_2)=\rho(r_1)$的最低利率水平。从r_m的定义和借贷资金需求曲线向下倾斜的特征可知，在r_1处将存在对借贷资金的超额需求（除非$r_1=r_m$，因为这种情况下不存在信贷配给）。这

样，一些被拒绝的借款者(愿意付出的保留利率水平等于或者大于r_2)将以更高的利率水平申请贷款。如果在r_1水平上不发生借贷，则在r_2水平上存在对借贷资金的超额供给；如果在r_2利率水平上不发生借贷，那么，将存在对借贷资金的超额需求。所以，在r_1和r_2处存在可借资金的一个分布，使得所有在利率为r_1时被拒绝和在r_2处申请贷款的申请人在一个更高的利率水平上能得到贷款。同样，在$\rho(r_1)$处，所有的可贷资金将在r_1或者r_2处借出(对于在r_1处的所有可借资金存在一个超额需求，因为所有那些最终在r_2借到贷款的借款人最初都曾在r_1处申请贷款)。显然，并不存在使利率微小偏离就使$\rho(r)$最大的r_1的激励。提供使$\rho(r_3)<\rho(r_1)$的利率水平r_3的银行将不能获得客户，因而没有银行愿意在r_1和r_2之间的利率水平上提供资金。提供使$\rho(r_4)>\rho(r_1)$的利率水平r_4的银行将不会吸引到任何借款者，因为$r_4>r_2$时，在r_2处不存在超额需求。

1.1 信贷配给的充分条件

定理4提出了逆向选择的充分条件，该条件使得$\bar{\rho}(\hat{r})$函数并不单调。在本部分论述中，我们考虑在信贷资金的某些供给水平上也将存在信贷配给。

1.1.1 投资项目是连续的

用$G(\theta)$表示风险程度为θ的投资项目的分布，用$\rho(\theta, r)$表示银行从风险程度为θ利率为r的项目上得到的预期收益。银行以利率$\hat{r}$放款时的收益均值是

$$\bar{\rho}(\hat{r})=\frac{\int_{\hat{\theta}(\hat{r})}^{\infty}\rho(\theta,\hat{r})dG(\theta)}{1-G(\hat{\theta})} \tag{7}$$

由定理 5 可知，对于 $\hat{r}$，$d\bar{\rho}(\hat{r})/d\hat{r}<0$ 是信贷配给的充分条件，记 $\rho(\hat{\theta},\hat{r})=\hat{\rho}$，则

$$\frac{d\bar{\rho}}{d\hat{r}}=-\frac{g(\hat{\theta})}{[1-G(\hat{\theta})]}(\hat{\rho}-\bar{\rho})\frac{d\hat{\theta}}{d\hat{r}}+$$
$$\frac{\int_{\hat{\theta}}^{\infty}[1-F((1+\hat{r})B-C,\theta)]dG(\theta)}{1-G(\hat{\theta})} \tag{8}$$

由定理 1 和定理 3 可知，第一项为负(表示贷款申请者总体状况的变化)，第二项(在保持借款者总体状况不变时，通过提高索取的利率获得报酬的增加)为正。如果在 $\hat{r}$ 的利率水平上，贷款回报的均值与公司在此利率水平上达到零利润时银行的回报(这对于银行来说是最安全的贷款)差别很大，那么，第一项的绝对值极高。如果$\frac{g(\hat{\theta})}{[1-G(\hat{\theta})]}\frac{d\hat{\theta}}{d\hat{r}}$很大，那么，第一项的绝对值同样很大，这就是说，名义利率的微小变化会导致借款者总体情况非常大的变化。

1.1.2　两种结果的项目

在此，为了便于分析，我们考虑投资项目中最简单的情况，那些投资者有的投资成功并获得收益 R，有的投资失败并获得收益 D，我们将 B 标准化并令其为 1。当 R 在 S 与 K 之间取值时(这里 $K>S$)，所有的项目具有相同的失败价值(可以是工厂和机器设备的价值)。又假设所有属于同种类贷款的投资项目具有相同

的期望报酬为 T,并且不需要担保,即 $C=0$,如果用 $p(R)$ 代表投资一个项目获得成功并得到报酬 R 的概率,那么

$$p(R)R+[1-p(R)]D=T \tag{9}$$

此外,银行对失败投资的借款必须承担每一美元 X 的成本,这个成本可以看作是工厂和机器设备对于银行和借款者来说的不同价值间的差额。同样,项目价值的分布密度可用 $g(R)$ 来表示,分布函数用 $G(R)$ 来表示。

因此,如果记 $J=\hat{r}+1$,那么,在利率为 $\hat{r}$ 时,每一美元的期望报酬是(因为借款者当且仅当 $R>J$ 时才会借款):

$$\rho(J)=\frac{1}{\int_J^K g(R)dR}\Big[J\int_J^K p(R)g(R)dR+\int_J^K[1-p(R)][D-X]g(R)dR\Big] \tag{10}$$

应用洛必塔法则和(1)式,我们可以建立使 $\lim\limits_{J\to K}(\partial\rho(J)/\partial J)<0$ 成立的充分条件(并且 ρ 因此非单调):①

① 这些假设的证明有点复杂。考虑 1:既然 $p(R)=T-D/R-D$,每一美元借款期望利润可以被写成

$$\rho(J)=[J-D+X][T-D]\frac{\int_J^K\frac{g(R)}{R-D}dR}{\int_J^K g(R)dR}+D-X$$

微分并整理得

$$\frac{1}{T-D}\frac{\partial\rho}{\partial J}=\frac{\int_J^K\frac{g(R)}{R-D}dR}{\int_J^K g(R)dR}+[J-D+X]\times\left[\frac{\frac{-g(J)}{J-D}\int_J^K g(R)dR+g(J)\int_J^K\frac{g(R)}{R-D}dR}{\left[\int_J^K g(R)d(R)\right]^2}\right]$$

利用洛必塔法则和 $g(K)\neq 0,\infty$ 的假设

$\lim\limits_{J\to K}(\frac{1}{T-D}\frac{\partial\rho}{\partial J})=(\frac{1}{K-D}-\frac{K-D+X}{2(K-D)^2})$;或者 $\mathrm{sign}(\lim\limits_{J\to K}(\frac{1}{T-D}\frac{\partial\rho}{\partial J})=\mathrm{sign}(K-D-X)$

条件 2 和条件 3 可以用同样的方法得出。

(1)如果 $\lim_{R\to K} g(R)\neq 0,\infty$,那么,充分条件是 $X>K-D$,或者等价地,$\lim_{R\to K} p(R)+p'(R)X<0$

(2)如果 $g(K)=0, g'(K)\neq 0,\infty$,那么,充分条件是 $2X>K-D$,或者等价地,$\lim_{R\to K} p(R)+2p'(R)X<0$

(3)如果 $g(K)=0, g'(K)=0, g''(K)\neq 0$,那么,充分条件是 $3X>K-K-D$,或者等价地,$\lim_{R\to K} p(R)+3p'(R)X<0$

条件(1)暗示着当 $1+\hat{r}\to K$ 时,如果风险更高的贷款的死角损失超过通过提高利率获得的补偿,那么,银行将在低于最高利率的水平上使自身的报酬最大化,在该利率水平上,银行可以放出资金$(k-1)$。当 $g(K)=0$ 时,银行的内部最优利率条件就可以有一定的灵活性。

1.1.3 对风险的不同态度

一些贷款人明显比其他贷款人更加厌恶风险。这些差异可以在项目选择上显示出来,并且可以影响到银行最优的利率水平。提高利率水平可能使普通项目的平均报酬低——这些项目通常由厌恶风险的借款人投资——这是行不通的,但这对高风险项目却没有多大影响。对于银行来说,高风险投资项目的报酬要低于安全项目的报酬。在下面的模型中,风险厌恶的对称性差异将产生一个最优的利率水平。

假设 λ 是人群中完全厌恶风险的人所占的比例;每一个这样的投资者都选择他们所能得到的最安全的项目。在这样一组人当中,回报的分布是 $G(R)$,其中 $G(K)=1$。另一组是风险中性的。为简单起见，如果他们的回报非0，假设他们都面临着成功概率为 p，成功收益为 $R^{*}>K$ 的风险程度相同的项目，记为 $\hat{R}=(1+\hat{r})B$，那么，银行的（期望）回报是

$$\bar{\rho}(\hat{r})=\frac{\{\lambda(1-G(\hat{R}))+(1-\lambda)p\}}{\lambda(1-G(\hat{R}))+(1-\lambda)}(1+\hat{r})=$$

$$\left[1-\frac{(1-p)(1-\lambda)}{\lambda(1-G(\hat{R}))+(1-\lambda)}\right]\frac{\hat{R}}{B} \tag{11}$$

因此，对于 $R<K$，安全项目回报的上限是

$$\frac{d\ln\bar{\rho}}{d\ln(1+\hat{r})}=1-\frac{(1-\lambda)(1-p)\lambda g(\hat{R})\hat{R}}{(1-\lambda G(\hat{R}))(\lambda(1-G(\hat{R}))+p(1-\lambda))} \tag{12}$$

存在银行内部化最优利率的一个充分条件同样是 $\lim\limits_{R\to K}\partial\bar{\rho}/\partial\hat{r}<0$，或者从(12)式得，$\lambda/1-\lambda\lim\limits_{R\to K}g(R)\hat{R}>p/1-p$。风险资产的风险性越大（$p$ 越低），存在银行内部化最优利率的可能性就越大。同样，风险厌恶者与风险中性者的比例变化受利率上升的影响越明显，则自我选择的后果就越重要，这样，越有可能存在内部化的最优利率。

2. 作为激励机制的利率

2.1 充分条件

利率影响贷款对银行期望回报的第二条途径是它能改变借款者的行为。借款者与放款者的利益是冲突的，借款者只要不面临

破产,他们就只关心投资的报酬,而放款者只关心公司那些可能引起破产的行为和公司破产对其回报的影响。正因为这样,并且由于银行不能完全和无成本地监视到借款者的行为,因而银行必须考虑到利率对借款者行为的影响。

在这一部分中,我们将证明利率上升会增强高风险项目的吸引力,而这些项目可能会降低银行的回报。因此,当存在借款的超额需求时,银行有其他动机而非采用提高利率的办法实行信贷配给,因为提高利率可能导致借款者采取与银行利益相悖的行为。

让我们回到前面建立的一般模型中,但在这里假设公司对投资项目有所选择。考虑任意两个项目,用 j 和 k 表示。首先,我们建立:

定理 7:如果在给定的名义利率水平 r 上,风险中性的公司认为两个投资项目并无差别,那么,利率上升将导致公司更倾向于投资失败可能性更高的项目。

证明:

第 i 个项目的期望报酬由下式给出

$$\pi^i = E[\max(R^i-(1+\hat{r})B,-C)] \tag{13}$$

所以

$$\frac{d\pi^i}{d\hat{r}} = -B(1-F_i((1+\hat{r})B-C)) \tag{14}$$

因而在某些利率水平 $\hat{r}$ 上,$\pi^j=\pi^k$,当 $\hat{r}$ 上升时,对于借款者来讲,投资偿还借款可能性小的项目得到的报酬大于投资那些偿还借款可能性大的项目得到的回报。

另一方面,如果公司认为两个具有同样均值的项目间无差别,由定理 2 可知,银行将愿意放出更安全的贷款。因此,将利率提高到比 $\hat{r}$更高的水平可能增加贷款的风险而造成银行期望报酬降低。

定理 8:在 $\hat{r}$处,公司认为具有分布函数 $F_j(R)$和 $F_k(R)$的两个项目 j 和 k 无差异,其中,j 具有比 k 更高的失败概率,且存在一个分布 $F_l(R)$使得

(1)$F_j(R)$代表 $F_l(R)$一个均值不变的分布,且

(2)$F_k(R)$满足与 $F_l(R)$相关的一阶条件;即对于所有 R,$F_l(R)>F_k(R)$。

那么,比 $\hat{r}$更高的利率将降低银行的期望报酬。

证明:

因为 j 比 k 的失败概率高,由定理 7 和借款者对 j 和 k 的等同态度可知,比 $\hat{r}$高的利率水平将使公司更倾向于 j 项目。因为(1)和定理 3,银行从回报分布为 $F_l(R)$的项目上获得的报酬要比从 j 项目得到的报酬高,并且因为(2),银行从 k 项目获得的报酬要比从一个分布为 $F_l(R)$的项目得到的报酬更高。

2.2 一个例子

为了说明定理 8 的含义,假设所有公司都一样,同样,在两个项目之间做出选择,如果成功时回报分别为 R^a 和 R^b,其中 $R^a>R^b$,成功概率分别为 p^a 和 p^b,$p^a<p^b$。为简单起见,假设 $C=0$。如果公司认为利率为 $\hat{r}$时项目间无差别,那么

$$[R^a-(1+\hat{r})B]p^a=[R^b-(1+\hat{r})B_i]p^b \tag{15}$$

即，

$$B(1+\hat{r})=\frac{p^bR^b-p^aR^a}{p^b-p^a}\equiv(1+\hat{r}^*)B \tag{16}$$

因此，银行的期望报酬是 r 的一个函数，如图 6 所示。

对于低于 $\hat{r}^*$ 的利率水平上，公司选择安全的项目；在 $\hat{r}^*$ 与 $(R^a/B)-1$ 之间的利率水平上，公司选择风险项目。银行能索取的最高且能以此吸引投资的利率水平是 $\hat{r}^*$；能吸引到借款者的最

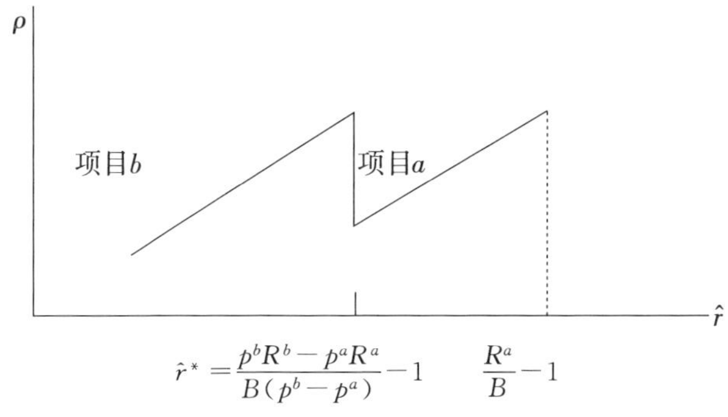

图 6　在超过 $\hat{r}^*$ 的利率水平上，

投资者选择风险项目，银行的报酬下降

高利率水平是 $(R^a/B)-1$，而该利率水平只能吸引借款者对项目 a 进行投资。因此，当且仅当 $p^aR^a<\frac{p^b(p^bR^b-p^aR^a)}{p^b-p^a}$ 时，银行索取 $\hat{r}^*$ 可以使其报酬最大化。无论何时，$p^bR^b>p^aR^a$，$1+\hat{r}^*>0$，且 ρ 在 $\hat{r}$①处非单调，这样，就有可能出现信贷配给。

① 原文为 $\hat{r}$，疑有误，应为 $\hat{r}^*$。——译者

3. 担保和有限责任问题

至此，可能会有人提出疑问：当对投资资金有超额需求时，银行难道不能通过增加担保要求来减少资金需求，从而减少违约风险来增加自身报酬吗？在这里，增加担保要求即增加借款人投资失败时所需负的责任，减少违约风险即减少借款人违约给银行带来的损失。

这个反对观点并不总是成立。我们将在这部分讨论银行不愿意把降低借款人资产负债率（增加担保要求）①作为配置信贷手段的各种原因。

事实上，当小项目具有高失败概率和所有潜在借款者具有相同的净资产时，对于银行而言，降低借款者的资产负债率并非是最优的选择。在以上假设的背景下，增加借款的担保要求（或者要求一定的净资产比率）将意味着只有小型项目来筹措资金。如果项目既非成功亦非失败，或者说在失败时获得了零收益，那么，增加对借款者的担保要求将加大借款的风险性。

另一个显而易见的事实是，如果潜在借款者具有不同的净资产，并且所有项目将需要同样的投资，那么，增加担保要求将增加借款风险。净资产高的借款者可能是那些过去在风险项目上获得成功的人。在这种情况下，他们可能是比那些过去投资于安全性

① 对于一个特定的项目，通过增加股权的形式或增加担保要求的形式，对于特定的项目银行都可以增加期望报酬，它们具有相同的风险和激励效应。尽管下面的分析着重于担保要求，但是相同的观点也适用于讨论资产负债率。

债券的保守投资者具有更低的风险厌恶特征，并且他们因此而不能负担大数额的担保。

在以上两个关于担保要求的例子中都有逆向选择效应。但是，我们可以得出一个更强的结论。我们将证明即使不存在生产规模报酬递增，并且所有个人具有同样的效用函数时，担保要求的选择效果也可以促成一个内部化的银行最优担保水平，这与第1、2部分中得出的内部化银行最优利率水平的道理相同。特别地，因为较富裕的借款人可能不太厌恶风险，因此，我们认为，那些愿意以最多资本作为抵押的借款人是风险最大的。我们将证明，后一个效应足够强，它使得在某些合理的条件下增加担保要求会降低银行的报酬。

为了更清楚地理解这一点，假设所有借款者具有相同的效用函数$U(W)$，且都是风险厌恶的，$U'>0$，$U''<0$。不同个人的初始财富水平W_0各异，每个企业具有它可以操作的一系列项目，每个项目成功的概率是$p(R)$，R是成功时的回报。如果项目失败，报酬是0，$p'(R)<0$。每个人都有机会投资报酬为ρ^*的安全项目。银行不能观察个人的财富水平和他们投资的是何项目，只能对所有客户提供同样的合同，记为C，同样的担保物数量和利率$\hat{r}$。与上面的分析过程一样，我们首先建立：

定理9：合同$\{c,\hat{r}\}$扮演着甄别机制的角色：存在两个W_0的临界值，$\hat{W}_0$和$\hat{\hat{W}}_0$，使得如果所有个人具有递减的厌恶风险特征，则具有财富水平$\hat{W}_0<W_0<\hat{\hat{W}}_0$的个人将申请贷款。

证明：

如前假设，我们将投资成本标准化为1美元。如果个人不借款，他或者干脆不投资项目而获得 $U(W_0\rho^*)$ 的效用，或者完全内部筹款获得如下的期望效用（假设 $W_0\geqslant 1$）

$$\max_R\{U((W_0-1)\rho^*+R)p(R)+$$
$$U((W_0-1)\rho^*)(1-p(R))\}\equiv\hat{V}(W_0) \tag{17}$$

定义

$$V_0(W_0)=\max\{U(W_0\rho^*),\hat{V}(W_0)\} \tag{18}$$

我们注意到

$$\frac{dU(W_0\rho^*)}{dW_0}=U'\rho^* \tag{19}$$

$$\frac{d\hat{V}(W_0)}{dW_0}=[U'_1p+U'_2(1-p)]\rho^* \tag{20}$$

其中，下标1指“成功”状态，下标2指“失败”状态。如果个人具有递减的厌恶风险特性，①那么，可以得到，

$$\frac{dU(W_0\rho^*)}{dW_0}<\frac{d\hat{V}(W_0)}{d(W_0)}$$

---

① 为了证明这一点，我们将 $\hat{\hat{W}}_0$ 定义为财富水平，这里投资的风险项目是安全项目具有效用均值不变的分布（可以与彼得·戴蒙德和斯蒂格利茨的研究结论相比较）。记 $U'((U)W)$，其中，$W(U)$ 是效用水平为 U 时的最终的财富水平，

$$\frac{dU'}{dU}=\frac{U''}{U'}=-A;\qquad \frac{d^2U'}{dU^2}=-\frac{A'}{U'}\gtrless 0 \text{ 当 } A'\lessgtr 0$$

因此，当具有递减的完全厌恶风险的特征时，U' 是 U 的一个凸函数，因此，对于风险投资，EU' 会超过 $U'(\rho^*W_0)$。

因此，存在一个 W_0 的临界值 $\hat{\hat{W}}_0$，使得如果 $W_0 > \hat{\hat{W}}_0$，则那些不借贷的个人将对项目进行投资。

在下面的分析中，我们将讨论限制在个人具有递减的风险厌恶特性，且财富水平低于 $\hat{\hat{W}}_0$ 的条件下。

如果个人借款的话，他将获得如下的效用水平①

$$\{\max_R U(W_0\rho^* - (1+\hat{r}) + R)p + U((W_0 - C)\rho^*)(1-p)\}$$

$$\equiv V_B(W_0) \tag{21}$$

当且仅当满足(22)式时，个人才借款

$$V_B(W_0) \geqslant V_0(W_0) \tag{22}$$

但是

$$\frac{dV_B}{dW_0} = (U'_1 p + U'_2(1-p))\rho^* \tag{23}$$

显然，只有那些 $W_0 > C$ 者才肯借款。假设存在 $W_0 > C$ 的一个值，记为$\hat{W}_0$，使得 $V_B(\hat{W}_0) = U(\rho^* \hat{W}_0)$（这对于某些 ρ^* 值是正确的）。应用上文中类似的论点可知，在$\hat{W}_0$处与那些不借贷者和不投资者相比，依靠担保借贷的人具有一个最终财富的均值不变分布。因而利用(20)和(23)式，在$\hat{W}_0$处，$dV_B/dW_0 > dV_0(W_0)/dW_0$。因而如图 7 所示，对于$\hat{W}_0 < W_0 < \hat{\hat{W}}_0$，所有个人都将借款。这样，在 $W_0 < \hat{\hat{W}}_0$ 时，如果存在借款，则那些借款者是这一区间内最富有的人（$W_0 < \hat{\hat{W}}_0$ 的限定比限定其为所有项目中最富有的要弱一些）。

① 在这个公式中，ρ^* 是担保物的回报。

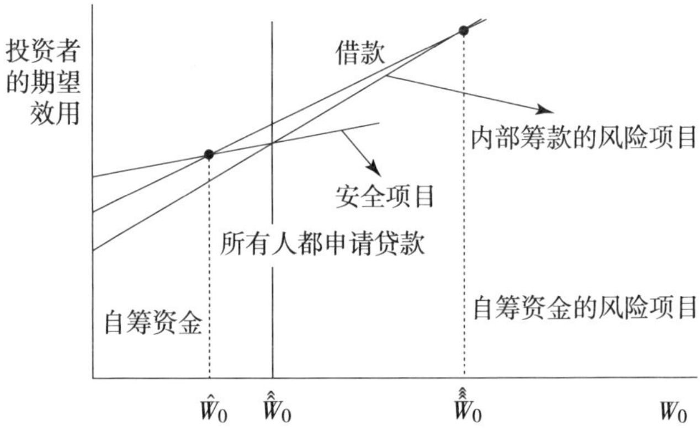

图 7 作为甄别机制的担保水平

下面，我们试图证明：

定理 10：如果满足递减的完全厌恶风险特性，那么，较富裕的人将投资风险性更大的项目，$dR/dW_0>0$。

证明：

根据(21)式，我们可以获得 R 的一阶条件

$$U'_1 p+(U_1-U_2)p'=0 \tag{24}$$

应用二阶条件求最大值，及(24)式

$$\frac{dR}{dW_0}\gtrless 0 \text{ 当 } \frac{U''_1 p+(U'_1-U'_2)p'}{U'_1 p}=-A_1-\frac{(U'_1-U'_2)}{U_1-U_2}\gtrless 0 \tag{25}$$

但是，$\lim_{W_1\to W_2}-\frac{U'_1-U'_2}{U_1-U_2}=-\frac{U''_1}{U'_1}=A_1$ 暗示：如果 $W_1=W_2$，则 $dR/dW_0=0$。然而，

$$\left.\frac{\partial\left(-A_1-\frac{U'_1-U'_2}{U_1-U_2}\right)}{\partial W_1}\right|_{A_1=-\frac{U'_2-U'_1}{U_1-U_2}}=$$

$$-A'_1-\frac{U''_1}{U_1-U_2}+\frac{U'_1-U'_2}{U_1-U_2}\frac{U'_1}{U_1-U_2}=-A'_1\gtrless 0 \text{ 当 } A'_1\lessgtr 0$$

因此，如果 $A'_1>0$，则 $dR/dW_0>0$。

下面我们来证明：

定理 11：对于满足 $dp/dC>0$ 的给定借款者，担保将增加银行的回报。

证明：

这可以从(24)式的一阶条件直接得出：

$$\text{sign}\,\frac{dR}{dC}=\text{sign}U'_2\rho^*\,p'<0$$

并且因此 $dp/dC>0$。但是

定理 12：伴随担保要求的增加，就会出现逆向选择效应，即对于所有的一般借款者和那些风险性大[①]的边际借款者而言，$d\hat{W}_0/dC>0$。

证明：

这可以通过对(21)式进行微分得出

$$dV_B/dC=-U'_2\rho^*(1-p)<0$$

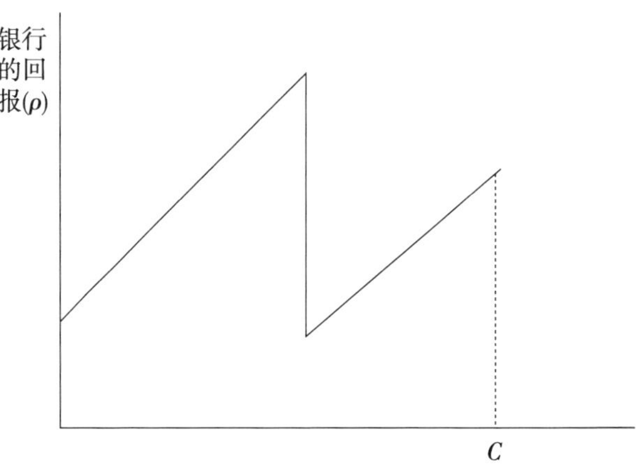

图 8　增加担保要求会降低银行报酬

① 在充分高的担保物水平上，富裕的个人根本不会借款。

至此,我们可以容易地证明逆向选择效应可能超过正向直接的效应。假设有两组财富水平的人,对于低财富水平来讲,C 的增加没有逆向选择效应,所以毫无疑问地增加了回报;但存在一个特定的 C 的临界值使得低财富—低风险者面临着进一步的投资选择,并且使银行的回报下降(参见图 8)。①

这个简单的例子已经说明,②即使担保具有有益的激励效应,但它也可能具有抵消性的逆向选择效应。

3.1　逆向激励效应

即使在上面的模型中,增加担保要求具有有益的激励效应,但事实并非一定如此。正如我们早先提到的,银行在控制借款者行动上力不从心。因此,借款者在能借到的款项增加时,很有可能要求将来也能得到更多的借款(这一观点在许多有关充足初始投资重要性的论述中有所暗示)。作为例子,我们考虑以下简化的多时期模型。在第一时期内,θ 以概率 p 出现。如果它出现了,第二时期实现的项目回报是 R_1。如果它不出现,或者追加 M 的投资,或者项目彻底失败(具有 0 收益)。如果银行对额外资金索取一个利率 $r_2 \leqslant \hat{r}_2$,那么,借款者将以安全方式投资。如果 $r_2 > \hat{r}_2$,那么,他

① 如果加上 $W_0 < \hat{\hat{W}}_0$ 的约束,那么,就可能存在一个 W_0 值 $\hat{\hat{\hat{W}}}_0 > \hat{\hat{W}}_0$,使得对于 $W_0 < \hat{\hat{\hat{W}}}_0$,个人将自己投资而不借款。可以证明,当 $\partial \hat{\hat{\hat{W}}}_0 / \partial C < 0$ 时,将有一个抵消性的正向选择效应。但是,如果财富的密度函数足够快地递减,那么,逆向选择的效应就会超过正向选择的效应。

② 它也证明了前面几部分的结论可以延伸到企业家是风险厌恶的情况。

们将以风险方式投资。依照第 2 部分的分析,假设风险的差别足够明显,使得银行对额外资金索取 $\hat{r}_2$ 的利率。假设有一系列项目(行动)供公司在第一时期选择,而银行对其同等对待。个人拥有 1 美元的净资产,且固定不变,那么,减少借款数量会对个人采取的行动产生影响。就是说,它将影响项目的参数 R_1、R_2 和 M,其中,M 是第一期投资失败需要在第二期追加的贷款数量。为简单化,假设 R_2 给定,用 L 表示第一期的借款规模。因此,公司的期望报酬是(如果需要追加贷款就能得到 M)

$$p_1(R_1-(1+\hat{r}_1)^2L)+\hat{p}(R_2-[(1+\hat{r}_1)^2L+(1+\hat{r}_2)M])$$

其中,$\hat{p}=p_2(1-p)$,$(1+\hat{r}_1)^2$ 是在第二期末基于原始贷款(每一美元)的偿还额,而 $\hat{r}_2$ 是额外贷款 M 的利率;因而公司选择 R_1 使

$$p_1=\hat{p}(1+\hat{r}_2)\frac{dM}{dR_1}$$

假设银行资本在每期的机会成本是 ρ^*,那么,对贷款的净期望报酬是

$$p_1(1+\hat{r}_1)^2L+\hat{p}[(1+\hat{r}_1)^2L+(1+\hat{r}_2)M]-\rho^*[\rho^*L+(1-p_1)M]$$

可以证明在某些情况下,这将使银行扩大信贷 M 的业务。这样,尽管银行能控制 L,但它不能直接控制每个客户的借款总额(期望值)$L+(1-p_1)M$。

更为重要的是,银行的期望回报可能不是第一期贷款规模的单调递减函数。例如,在 $\hat{r}_1$ 和 $\hat{r}_2$ 是最优利率且在 $\rho^*>p_2(1+\hat{r}_2)$ 的条件下,银行的期望报酬是 M/L 的递减函数。因此,如果对于 L 的降低,公司的最优反应是增加 M(或者减少 M,但 M 下降的百分

比低于 L 下降的百分比)，那么，L 的降低的确会降低银行的利润。[①]

4. 具有明显差别的借款者

迄今为止，我们将讨论的范围限制为借款者完全相同的情况。在此，我们将讨论延伸到有 n 组存在明显区别的借款者，且对于每组都存在一个内部化的银行最优利率，表示为 r_i^*。[②] 我们用函数 $\rho_i(r_i)$ 表示银行对第 i 种类型借款者索取利率 r_i 时的总报酬。可以给不同的组别排序，使得当 $i>j$ 时，$\max\rho_i(\hat{r}_i)>\max\rho_j(\hat{r}_j)$。

定理 13：对于 $i>j$，j 型借款者只有在 i 型借款者没有被信贷配给时才能得到贷款。

证明：

假设定理不成立。显然借款给 j 型借款者的最大报酬比借款给 i 型借款者的最大报酬小，银行可以通过用 i 型取代 j 型的借款人来提高收益，因此，原有的情况便不可能是利润最大化的情况。

现在我们试图证明

定理 14：均衡利率是那些使所有 i,j 型借款者都得到贷款 $\rho_i(\hat{r}_i)=\rho_j(\hat{r}_j)$ 的利率水平。

证明：

同样使用反证法证明。假设 $\rho_i(\hat{r}_i)>\rho_j(\hat{r}_j)$。此时，借款给 j

① 例如，如果一些初始投资是为了防范各种风险而设的“后备体系”，如果降低初始投资将降低对这种体系的投资，当发生风险时，就会需要大量的额外资金。

② 这部分的分析与温斯(1980)的研究相类似，在他的文章中，市场均衡能够将一部分劳动力排除在劳动力市场之外。

型借款者的银行将更愿意从其他银行那里争取 i 型借款者。如果 ρ^* 是银行美元贷款的均衡回报，在银行是竞争的情况下，这个值等于银行的贷款成本，这样所有的 i、j 型借款者最终都会在 $\rho_i(r_i)=\rho_j(r_j)=\rho^*$ 时得到贷款。这个结论可以由图 9 中的存在三种类型借款者的情况表示出来。

如果银行在贷款时需付 ρ^* 的成本，那么，1 型借款者都不会得到贷款。希望在 $\tilde{r}_3$ 利率水平(指比 $\hat{r}_3^*$ 低的利率水平，$\hat{r}_3^*$ 可以使银行回报最大化)借款的 3 型借款者可以得到贷款——在争取借款者上的竞争使银行的利率下降；而某些(并非所有)2 型借款者将在 $\hat{r}_2^*$ 水平上得到贷款。如果利率降低到 ρ^{**}，那么，所有 2 型和 3 型借款者都将得到贷款，并且某些类型 1(并非所有)的借款者将被给予贷款。

因为在资金成本超过 ρ^{**} 时，1 型借款者无法得到贷款，所

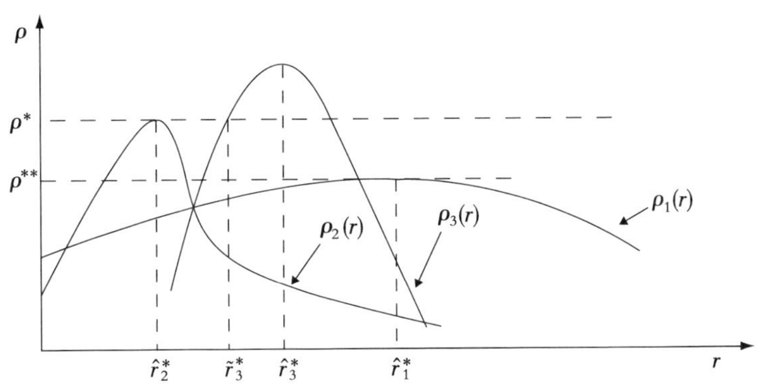

图 9　如果组间存在差别，那么将存在“排除线”

以，诸如 1 型借款者的那些被市场排斥的借款者可以被定义成被排除的。1 型借款者的投资可能具有很大风险性，在这种情况下，尽管$\rho_1(\hat{r}_1^*)<\rho_3(\hat{r}_3^*)$，但是1型投资的总期望报酬（银行的报酬加上借款者的回报）就会超过3型投资的期望报酬。同样，因为银行发现很难鉴别风险性强的1型投资，所以，对于银行来说，1型投资可能无利可图。在这种情形下，如果银行对于每组投资者施以相同的控制（判断），一项1型投资给银行带来的报酬可能会超过3型投资。

另一个对于$\rho_1(\hat{r}_1^*)<\rho_3(\hat{r}_3^*)$的原因可能是1型投资者具有更多的项目选择。他们可以投资所有3型借款者可投资的项目，还可以投资到那些3型投资者不能投资的高风险项目。或者是因为借款者利润函数的凸性特征，或者因为风险更大的项目投资具有更高的报酬，1型借款者总将选择投资这些风险项目。

因此，市场均衡并非将贷款配置给那些投资期望报酬最高的项目。

5. 股本融资与债务融资，观察委托—代理问题的又一视角

尽管我们的讨论是在信贷市场中进行的，但是，该分析可以很好地应用于许多委托—代理问题。例如，在农业中，可以和银行与借款者相对应的是地主（委托人）与佃户（代理人），对应于借款合同，地主与佃户的委托—代理关系由租用协议确定。地主与佃户的收益函数在图10a和图10b中表示。这些委托—代理问题的核心在于怎样为代理人提供正确的激励。一般地，诸如出让股权或者租佃制等收入分享的安排都是无效的。在这些措施中，公司经理或者

佃户都会将他们付出努力的边际负效用等同于属于他们边际产品的份额而非等同于总边际产品。因此,代理人即将付出的努力将很小。

固定费用合同(如农业中的租用协议,信贷市场上的借款合同)具有使代理人承担过高风险的缺点,因此,如果代理人是风险厌恶者,他们就会觉得合同不值得。但我们一直认为,这种合同有一个明显的优点,就是它们不会歪曲激励。因此,如果代理人是风险中性的,固定费用合同将被采用。① 以上讨论并没有考虑到代理人可能付不起这笔固定费用的情况。在银行—借款人关系这种特殊的背景中,借款人总是能偿还(带利息的)贷款看上去是十分特殊的情况。只有在风险项目的回报与均衡水平的担保价值之和在所有状态中超过安全利率水平时,借款者才能在各种状态下偿还贷款。

这个结果很重要,因为代理人可以通过这种行动影响破产的可能性,固定费用的合同就不能排除激励问题。

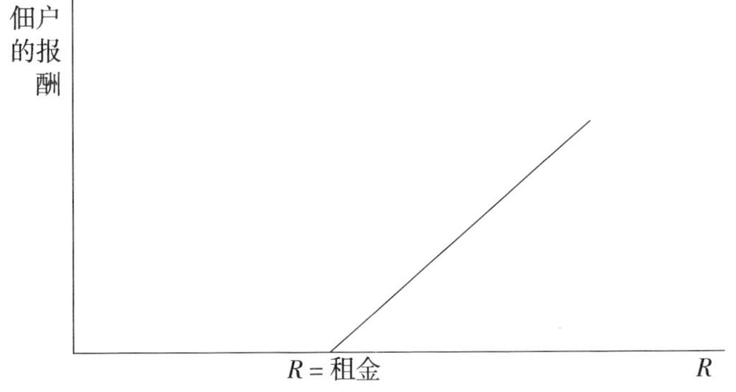

图 10a

① 例如,参见斯蒂格利茨(1974)。另参见史蒂文·谢威尔最近对委托—代理问题的研究。

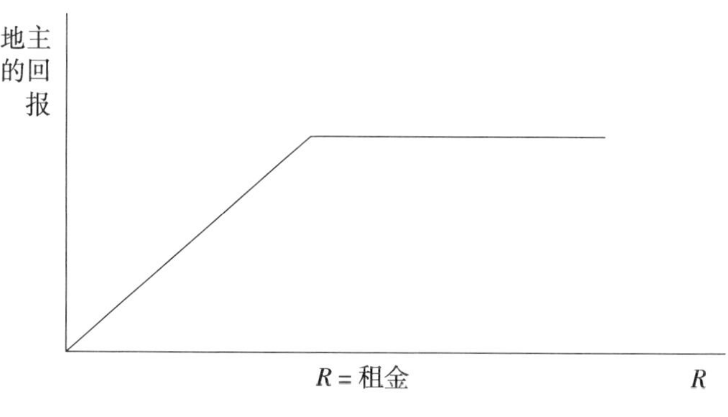

图 10b

而且，他们并不一定导致最优资源配置。例如，在前面曾讨论的两项目情况中(2.2)，如果安全投资的期望报酬超过了风险项目的期望回报($p^S R^S > p^r R^r$)，但银行能索取的与安全项目获得贷款的利率 r^* 相同的最高利率水平很低(即 $p^S(1+r^*) > p^r R^r$)，那么，尽管风险项目的总(社会)回报小于安全项目的回报，银行可以选择一个使其所有贷款适合风险项目的利率水平。在这种情况下，一个禁止超过 r^* 利率水平的高利贷法案能够增加国内净产出。我们 1980 年发表的论文与贾纳斯·奥道弗和温斯都证明了政府各种形式的干预导致了信贷配置的帕累托改进。

因为股本融资与债务融资都不能导致最优的资源配置，所以，我们不能排他性地应用其中一种方法，即使面对的是风险中性的代理人和委托人，情况也是如此。同样，在农业中，我们没有看到租用协议和收成分享协议的排他性应用。一般地，应付款是产出(利润)的一个非线性函数。这些合同的条款取决于委托人和代理人的风险偏好，他们的行动(努力水平和成果的风险性)可能影响破产的可能性，并且，可以在合同中列出行动或者由委托人直接控制。

对本文的一个可能的批评是前面提到的单时期分析中人为地限制了放款者的战略空间。在多时期背景中，如银行可以以更低的利率放款给那些“优秀”的借款人作为奖励，并且这种措施可以引诱公司投资安全项目(就像劳动力市场中公司的一种重要的激励和甄别方法就是许诺升职和增加工资。参见斯蒂格利茨〔1975〕、冈瑟和温斯〔1980、1981〕)。我们1980年发表的论文分析了动态环境中均衡合同的性质，证明了这种带有不确定性的合同可以用来描述动态均衡。的确，我们论述到银行可能想应用数量限制——信贷的可获得性——作为一个额外的机制。这样，在动态背景下的竞争经济中，配给是否存在仍是具有争论性的问题。

即使在引入所有这些额外措施(担保、股本融资、非线性支付计划、不确定性合同)后，从委托人角度看仍然存在一个最优合同。这样，他不会通过改变合同条款来回应代理人的超额需求，于是便出现了文章所讨论的配给。也就是说，在竞争性合同中存在对贷款(资本)的超额需求。

6. 结论

我们已经论述了一个信贷配给模型，其中有众多相同的借款者，一部分得到了借款，另一部分却没有得到借款。那些被拒之门外的潜在借款者即使愿意出比市场水平更高的利率水平，或者愿意提供比已经得到贷款的借款人更多的担保，仍然得不到贷款。利率上升或者担保物增加都能通过挫伤安全性项目的投资者或诱使借款者去投资风险性更高的项目来增加银行各种放款业务的风险程度。因此，这两种方式都不能被用来使可贷资金的供求相等。在这种情况中，银行将信贷限制采取为限制可贷资金数量的形式，而非限制每笔贷款的规模；或者像在此前大多关于信贷配给的研究那样，认为银行索取的利率是关于借款数量的递增函数。

从某种程度上讲，在一个配给均衡中，货币政策在改变资金供给方面会取得成功，它会通过影响信贷的可获得性而非利率机制来影响投资水平。尽管这是“货币主义者”的结论，但是，该机制与货币主义者的一贯主张有明显的区别。

尽管我们将讨论的重点放在分析信贷市场上存在超额需求均衡的存在性上，但是，不完备信息同样可以导致超额供给均衡的存在。我们将在此描述出该观点的框架（对于该问题的更充分的论述和本文在宏观经济上的含义将在本文两位作者和布鲁斯·格林沃尔德合作的研究报告中给予讨论）。[①] 假设银行在一些借款者身上得到的回报高于在其他借款者身上能得到的回报：他们知道哪些是“高价值”的借款者，但是其竞争对手不知道。如果一家银行试图通过提供更低的利率水平来吸引竞争对手的客户，那么，它将发现当它为了与竞争对手争夺信贷风险低的客户而降低利率时，将遭到对手同样低的利率水平的反击，而它们竞争的客户并非是有利可图者时，就会发现降低利率并不值得。结果，银行将很可能从竞争对手那里夺取客户，因为它们只能吸引那些最无利可图的客户（在系统中引入一些噪声可能促成一个均衡）。

① 格林沃尔德曾在劳动力市场的环境下提出了与此相同的论点。

拥有借贷资金超额供给的银行必须评估更低的利率水平所能吸引的借款者的价值。在均衡中，每家银行可能都存在超额的资金供给，但是没有银行愿意再降低利率。

我们之所以建立信贷市场上超额供给和超额需求均衡的原因在于利率能直接影响银行放贷的质量。在其他模型中，价格被竞争地确定，并且不存在市场出清的均衡，它们共同具有的性质就是商品的期望质量是价格的函数(参见温斯(1976、1980)或者斯蒂格利茨(1976a、b)对劳动力市场的研究，及威尔逊对二手车市场的研究)。

这些模型的例子是工资影响劳动力质量，如果在使劳动成本最小化的工资水平上劳动存在超额供给，公司将没有动因去再降低工资水平。

供求规律并非绝对适用，并且它也不能被视为竞争性分析的一个前提假设，倒不如说它是价格既没有甄别作用也没有激励作用这样的潜在假设的一个结果。将这个观点理论化为一般性结论就是：价格使市场出清是一种特殊的情况，而非市场的一般性质——确定存在失业和信贷配给现象。

参考文献

P. Diamond and J. E. Stiglitz, "Increases in Risk and in Risk Aversion," *J. Econ. Theory*, July 1974, 8, 337—360.

M. Freimer and M. J. Gordon, "Why Bankers Ration Credit," *Quart. J. Econ.*, Aug, 1965, 79, 397—416.

Bruce Greenwald, *Adverse Selection in the Labor Marker*, New York: Garland Press 1979.

J. L. Guasch and A. Weiss, "Wages as Sorting Mechanisms: A Theory of Testing," *Rev. Econ. Studies*, July 1980, 47, 653—665.

— and —, "Self-Selection in the Labor Market," Amer. *Econ. Rev.*, forthcoming.

Dwight Jaffee, *Credit Rationing and the Commercial Loan Market*, New York: John Wiley & Sons 1971.

— and T. Russell, "Imperfect Information and Credit Rationing," *Quart. J. Econ.* Nov. 1976, 90, 651—666.

W. Keeton, *Equilibrium Credit Rationing*, New York: Garland Press 1979.

J. Ordover and A. Weiss, "Information and the Law: Evaluating Legal Restrictions on Competitive Contracts," *Amer. Econ. Rev. Proc.*, May 1981, 71, 399—404.

M. Rothschild and J. E. Stiglitz, "Increasing Risk: Ⅰ, A Definition," *J. Econ. Theory*, Sept. 1970, 2, 225—243.

S. Shavell, "Risk Sharing and Incentives in the Principal and Agent Problem," *Bell J. Econ.*, Spring 1979, 10, 55—73.

G. Stigler, "Imperfections in the Capital Market," *J. Polit. Econ.*, June 1967, 85, 287—292.

J. E. Stiglitz, "Incentives and Risk Sharing in Sharecropping," *Rev. Econ. Studies*, Apr. 1974, 41, 219—255.

—, "Incentives, Risk, and Information: Notes Towards a Theory of Hierar-

chy," *Bell J. Econ.*, Autumn 1975, 6, 552—579.

—, "Prices and Queues as Screening Devices in Competitive Markets," IMSSS tech. report no. 212, Stanford Univ.

—, "The Efficiency Wage Hypothesis, Surplus Labor and the Distribution of Income in L. D. C.'s," *Oxford Econ. Papers*, July 1976, 28, 185—207.

—, "Perfect and Imperfect Capital Markets," paper presented to the New Orleans meeting of the Econometric Society, Dec. 1970.

—, "Some Aspects of the Pure Theory of Corporate Finance: Bankruptcies and Take-Overs," *Bell J. Econ.*, Autumn 1972, 3, 458—482.

— and A. Weiss, "Credit Rationing in Markets with Imperfect Information, Part Ⅱ: A Theory of Contingency Contracts," mimeo. Bell Laboratories and Princeton Univ. 1980.

A. Weiss, "A Theory of Limited Labor Markets," unpublished doctoral dissertation, Stanford Univ. 1976.

—, "Job Queues and Layoffs in Labor Markets with Flexible Wages," *J. Polit. Econ.*, June 1980, 88, 526—538.

C. Wilson, "The Nature of Equilibrium in Markets with Adverse Selection," *Bell J. Econ.*, Spring 1980, 11, 108—130.

信息与竞争性价格体系*

桑福德·格罗斯曼　约瑟夫·斯蒂格利茨

尽管习惯上价格体系被称赞为传递信息以使资源达到帕雷托最优的一种有效手段，但是，一般地，探讨价格体系所处的背景并不能正确衡量价格体系的信息效率。诸如价格体系如何引导经济对新情况作出反应，如何将信息从拥有信息者那里传递到无信息者那里，如何将不同个体拥有的不同信息聚集在一起等问题，从来没有得到正面的回答。

在此以前的格罗斯曼(1975a、1976b)、格罗斯曼和斯蒂格利茨(1975)以及斯蒂格利茨(1971、1974)等一系列文章中，我们试图弥补上述不足。本文将进一步介绍我们拟采用的研究方法的基本含义，并应用我们的研究方法来解释“有效市场”假设的含义。尔后，我们将对该假设作出评价。接下来，尽管我们将着重分析资本市场的情况，但本文发展的分析方法适合于用来分析任何随机波动的竞争性市场。

---

* 在斯坦福大学社会科学数学方法研究所(IMSSS)该研究获得联邦科学基金的资助(批准号:SOC74－2182)。同时，作者感谢威特校长基金的资助。

1. 价格与信息传递

我们陈述的基本观点,[①]可以通过下面的例子来分析:

假设有两类资产,一种是安全的,一种是有风险的。风险资产的回报率是 γ。γ 取决于随机变量 η 和 ε,其中,η 可以通过花费一定的成本而观察到,ε 则是不可观察的:

$$\gamma=\eta+\varepsilon, \tag{1}$$

这里,η 和 ε 是相互独立、服从正态分布的随机变量。知道 η 可以减少资产的风险,但不能消除风险,那些知道 η 的人对每单位风险资产的需求 X_I 取决于资产的价格和 η 的价值。

$$X_I=X_I(p,\eta). \tag{2}$$

我们假定 $\partial X_I/\partial\eta>0$,$\partial X_I/\partial p<0$。在每个时期中均衡需要满足供给等于需求:

$$\lambda X_I(p,\eta)+(1-\lambda)X_U(p)=X^S, \tag{3}$$

这里,X_U 是未拥有关于 η 信息的人对每单位风险资产的需求,X^S 是每单位风险资产的供给,λ 是信息拥有者所占的比率。无信息者可以观察到价格,可以通过价格来推测 η。例如,如果资源的存量固定,由于 η 增加将导致拥有信息者的需求增加,这种需求变动进一步导致高价格,无信息者可以推断出较高的 p 与较高的 η 是相关的。既然在该模型中没有其他的随机因素,那么,η 与 p 将是

① 有关(1)～(4)式描述的模型的详细分析和证明,参见格罗斯曼和斯蒂格利茨(1975)。

一一对应的。于是，给定 p 时 γ 的条件分布与给定 η 时 γ 的条件分布相同。因此，价格体系可以从拥有信息者向无信息者传递所有信息。

现在，我们在风险资产存量和两类人的需求函数中进一步引入随机因素，高价格可能是由高的 η 引起的，也可能是由风险资产的供给减少引起的，或者是由拥有信息者的需求函数向上移动引起的。因此，与每一个 p 相对应都将有一个可能的 η 的分布。价格体系传递了一些信息，却没有在信息拥有者与无信息者之间传递所有的信息：平均说来，价格水平高时，回报率也高，即 η 与价格相关。但是，这里价格是一个"噪声信号"，它与 η 中包含的关于 γ 的信息不是完全相同的。

假设随机因素是风险资产的供给（我们将在文章余下部分使用该模型）。那么，从(3)式可知均衡价格将取决于 η 和风险资产的供给 X^S，即 $p=p(\eta,X^S)$。于是 η 可以表示为 (p,X^S) 的函数，即 $\eta=t(p,X^S)$，代入(1)式得

$$\gamma=t(p,X^S)+\varepsilon. \tag{4}$$

由 (X^S,ε) 的分布可以导出给定 p 时 γ 的条件分布。因为无信息者可以观察到 γ 和 p，他们便可以逐渐认识到给定 p 时 γ 的分布。当他们观察到一个 p 值后，他们就能够通过购买一定数量的风险资产来获得预期的效用，即可以通过选择 X_U 来使自己的期望效用最大化，这样就得到了(3)式中无信息者的需求函数。最后，对于所有的 η 和 X^S，要达到均衡，$p=p(\eta,X^S)$ 一定是(3)式的解。该均衡暗含着两类参与者是理性的、追求期望效用最大化的假设。

这是满足长期均衡的一个必要条件，如果不满足该条件（描述

回报的随机过程是平稳的)，[①]那么，个人最终将发觉以他们观察到的变量为条件的回报的概率分布与其主观分布不同，随后，个人将修正他们的预期。

因为获得信息需要成本，对于选择成为拥有信息者的边际个人来说，是否拥有该信息对他来说是无差异的，也就是说，成为信息拥有者增加的预期效用正好可以弥补他为获得信息而支付的成本。在这里，假设他们个人信息量的变化(和由此所带来的需求的变化)对价格没有影响，这是对传统的竞争均衡理论的纳什均衡假设的一个修订。

当没有人有信息时，价格体系便不会传递任何信息，信息的价值 η 就可能很高。当每个人都是信息拥有者时，价格体系就非常灵敏，获知 η 的成本就会较低，因而如果假设信息具有成本且不很高时，均衡时必存在一个拥有信息者占总人数的比率 λ^* ——通过该 λ 值就可以解出(3)式中的价格，该价格正是使边际个人成为拥有信息者或者无信息者的期望效用相等的那个价格。

值得注意的是，在我们建立的模型中均衡具有几个明显的特征。第一，它使我们有信心怀疑下面所提到的古典理论：如果市场总是被完全套购的，套购行为将再也不会有利可图，尤其是在获得关于市场是否被完全套购的信息需要成本时，套利者怎么能有钱赚呢？传统的解答是，当市场未被套购时则有利可图，因此，均衡

① 有人可能争辩说我们的分析中关于平稳随机过程的约束是不严格的。经济理论的目的着眼于鉴别、描述和解释经济过程中的规律性，它试图使一种特殊现象的特征对其他现象共同的规律性具有普遍的证明力。这里，通过平稳随机过程所描述的正是这样的规律性。

的必要条件是完全套购；利润是在市场对不特定均衡做出反应的过程中产生的。该古典难题的一个代表性例子就是“有效市场”假设，该假设认为资本市场的价格不间断地反映所有相关信息。

如何解释这个矛盾？我们认为，经济在不断受到新的冲击，尽管这些冲击可能带有个体的特征，如公司总裁病了、某台设备坏了等。从我们对市场行为分析的观点上看，我们感兴趣的并非是这些个体的特征，而是这些冲击如何影响市场的回报，我们用一个平稳随机过程来描述这种不同冲击的出现对市场回报的影响。资本市场必须不断调整以适应这些冲击，我们建立的均衡排他地考虑了经济对这些冲击的反应，而其他研究人员以往只是将这种情况描述为一种不均衡情形且未加以更多的解释。

在我们的分析框架中，市场是永远无法自我充分调整的，价格无法充分反映信息拥有者所显示的信息。资本市场是无效率的，而拥有信息者在收入上与无信息者有足够的差异，该差异可以弥补信息拥有者在购买信息时付出的成本。均衡时，信息拥有者所占比例 λ^* 是由价格体系传递的信息和传递信息创造的对竞争性套利的回报来共同决定的。

完全套购有一个重要的含义，即并非所有人都是信息拥有者。信息拥有者使价格反映真实的价值，无信息者仅是利用了信息拥有者提供的服务。然而，在我们的分析中并非如此，事实上，价格无法完全准确地反映真实的证券价值（即价格体系不能将信息拥有者的信息完全传递给无信息者），才使信息拥有者能够获得足够的回报以弥补获得信息的成本。

对令人难以信服的“有效市场”假设的经验性检验表明，通过观察股票的当前价格和以往的表现无法获利。这一点恰好为我们的模型提供了佐证,这里假设无信息者具有理性的预期。但是,与那些强力推崇有效市场假设的版本相反,价格并不能够完全反映所有的可利用信息,尤其是信息拥有者的信息。信息拥有者在安排投资计划上的表现总是比无信息者更优秀。“有效市场论”者声称信息无成本是价格能够反映所有可利用信息的充分条件(尤金·法马,第 387 页),他们没有注意到这同样是一个必要条件。但是,如果只有当信息无成本时价格才是重要的话,那么,这只不过是归谬法罢了(参见哈耶克和格罗斯曼(1975b))。因此,那些用类似向靶盘投飞镖的方法进行投资的人,一定不如那些信息拥有者做得更好。[①] 应该靠掷硬币来决定的不是投资如何配置,而是选择成为信息拥有者还是选择成为无信息者。[②]

在我们建立的模型中,均衡的第二个重要特征是在需求与供给之间没有严格的区别。供给的增加将导致价格的下降,因为平均而论,较低价格与较低回报相关联,价格的下降将导致无信息者对风险资产的评价下降,从而降低他们的需求。通过独立地绘出供给需求表来描述任何时期的均衡都没有意义,因为需求曲线取决于供给的概率分布。该条件更加深刻的影响是价格的上升引起需求的上升,当人们依靠价格来判断质量时,需求曲线向下倾斜这

① 确实,如果市场上的个人无差别且都购买了特定“市场篮子”的债券,那么,无信息者将与信息拥有者的境况一样。在此,我们假设出现这种转变需要的信息是根本无法获得的。如果人们在对待风险、信息结构的态度有差异,那么,即使这种转变可行,它也不是最优的。

② 只有当没有人在获取信息上具有比较优势时,这种说法才是正确的。

一假设就站不住脚了。

在我们的模型中，第三个关系重大的问题在于价格具有两种功能，它不仅能像传统论述中所说的那样使市场出清，而且还能传递信息。在这个意义上，我们建立的模型与乔治·阿克洛夫的柠檬模型、阿克洛夫（1973）及斯蒂格利茨（1975）对劳动市场的分析紧密相连。

到目前为止的讨论都集中在要么成为拥有信息者，要么仍是无信息者的决策上。我们还可以以另一种方式来对待该问题。这种方法还可以使我们在考察约翰·凯恩斯（第150页）讨论过的一个老问题时有所启发，他曾谈到股票市场可以被看作是一场选美比赛。在比赛中，选手们关心的不是判断谁是最美的女士，而是关心裁判们认为谁最美。这样的观点有点儿与本文不合，我们的分析表明对某些人来说并不一定要直接获取信息，通过价格体系或其他机制从其他人那里获得信息可能比直接获得信息更有效率。

2. 作为信息收集者的价格

至此，我们已经探讨了价格将信息从信息拥有者那里传递给无信息者的市场均衡。在一些市场情况中，不同个人有不同的信息，价格可能充当信息收集者的职责。也就是说，个人对风险资产的需求受其拥有信息的影响，因而总需求及由此形成的市场均衡价格将取决于拥有的信息，从这种意义上讲，市场价格收集了不同的信息。

一个简单的例子可以说清楚这一点，假设有许多相互隔绝的农场主，每个人都清楚他们自己田地的数量，任一时间，每块农场上田地的产量可以表示为：

$$y_i = \alpha + \varepsilon_i \tag{5}$$

其中，$(\varepsilon_i, \varepsilon_j)$不相关，$\alpha$ 和 ε_i 是相互独立的随机变量且服从均值为$(\bar{\alpha}, 0)$和方差为$(\sigma_\alpha^2, \sigma_\varepsilon^2)$的正态分布，因此，如果 $Y \equiv \sum_1^n y_i$，那么，$E[Y \mid y_i]$恰好是 y_i 的一个线性函数，即 $E[Y \mid y_i] = h_1 + nh_2 y_i$。①假设对谷物的需求是线性的，为：

$$Y = a - bP_s \tag{6}$$

其中，P_s 是下个时期的现价，那么 P_s 的主观分布是服从均值为$(a - E[Y \mid y_i])/b$ 和方差为 σ_p^2的正态分布。这里，σ_p^2与 y_i 相互独立，因为人们的预期是不同的，也就产生了期货市场。假设所有个人总是完全地厌恶风险，风险厌恶系统为 k，那么，他们对期货的需求由下式给出（其中 P_f 是期货价格）②

$$Y_i^f = \left[\frac{\dfrac{a - E(Y \mid y_i)}{b} - P_f}{k\sigma_p^2}\right] + y_i \tag{7}$$

---

① $E[Y \mid y_i] = n[\gamma\bar{\alpha} + (1-\gamma)y_i] \equiv h_1 + h_2 y_i$　其中，$\gamma \equiv \dfrac{\sigma_\varepsilon^2(n-1)}{n(\sigma_\alpha^2 + \sigma_\varepsilon^2)}$。

② 利润是 $\pi = (P_f - P_s) + P_s y_i$。在正态性和风险厌恶系数 k 的条件下，个人将使下式最大化

$$Y_i^f(P_f - E[P_s \mid y_i]) + E(P_s \mid y_i)y_i - \frac{k}{2}(y_i - Y_i^f)^2\sigma_p^2.$$

解出最优的 Y_i^f：

$$Y_i^f = y_i + \frac{E[P_s \mid y_i] - P_f}{k\sigma_p^2}$$

如果 $1 \neq nh_2/bk^2\sigma_p$，那么，$h_4 \neq 0$。

于是,期货市场均衡要求

$$0=\sum Y_i^f=\frac{n}{k\sigma_p^2}\left\{\frac{a-h_1-h_2Y}{b}-P_f\right\}+Y. \tag{8}$$

由(6)式,我们可以得到这样一个结果:期货的价格是现价的线性函数:

$$P_f=h_3+h_4P_s.$$

期货价格是不同个人信息的完备收集者,也就是说,个人通过观察 P_f 可以对市场上可获得的数量和 P_s 作出良好的预测。①

但这又产生了一个基本问题,如果像人们预料的那样,个人最终逐渐认识到期货价格是现货价格的完备收集者,那么,他们将再也不会依据自己拥有的信息来决定他们的需求,而是完全由市场来决定。既然期货的价格完全预测了现价(零方差),那么,个人再也没有必要进行期货保值,也就没有期货交易的发生。可是,如果没有交易发生也就没有市场,人们先前的信息便改变了。这个结论也可以由另外一种方式提出。如果市场完全收集了人们的信息,个人的需求将不再取决于他们自己所拥有的信息,那么,市场怎么可能再完全收集信息呢?

至此,我们已讨论了当信息具有成本时对均衡分析方法的一些基本性质。这些模型也可以用来解释那些与均衡存在性、比较静态和福利相关的传统问题。

3. 均衡市场的瓦解与贫瘠

阿克洛夫(1970)和格罗斯曼(1975a)都证明在价格能将信息

---

① 该注释原文无,疑遗漏。——译者

由信息拥有者传递给无信息者的市场上，市场将可能随着交易量的逐渐萎缩而瓦解。上面股票市场的例子表明这种情况确实可能发生：如果价格体系完全地传递信息，如果人们的信念无差别，那么，将不会发生交易，在没有交易发生的市场里是价格导致了信息的趋同。尽管在价格不能将信息由拥有信息者传递到无信息者的情况下，或许在人们有动机进行除了差别信息之外的交易（如对于风险态度的差别和要素禀赋的差别）时，这个问题可以被减弱，但市场仍可能是十分贫瘠的，即交易规模小，从而市场可能远未被完全套购。

我们应该将市场的贫瘠或不存在同不存在均衡的市场加以区分。在缺乏噪声的情况下，由于信息有成本，将不存在均衡（纳什均衡）。① 因为当一个人是信息拥有者时，每个人都相信自己能够成为信息拥有者，从而增加他的预期效用，并且不影响市场价格。但是，当拥有信息者占总人数的比例大于零时，价格体系便可以完全传递信息，因而任何人去购买信息都是不值得的。②

---

① 在信息无成本的条件下存在均衡。在一系列能使市场出清的价格中，有一个价格水平可以传递所有的信息，并且使市场在零贸易量水平上出清，这种情况可以被认为是一个均衡。不需要任何机制对这一系列价格的存在加以证明，这只是一个谨慎的假设。

② 即使存在一个信息的完全垄断者，也不可能存在一个非零贸易量水平的均衡。因为在这种情况下，无信息者会觉察到如果他们不与垄断者发生交易，其境况将更好，这样，市场价格将只由垄断者来决定（参见斯蒂格利茨（1974））。因而杰克·赫什雷弗的古典分析并非是关于理性消费者所在的竞争性股票市场。如果他的分析是关于存在一个信息垄断者的市场，那么，他得出的结论就需要一个前提条件，即市场中的其他消费者都是非理性的。如果他的分析是关于市场中通过竞争获得信息的情况，那么，我们将在下一段内容中讨论他的结论。

4. 福利

在本文分析的条件下，评价市场效率是十分微妙和困难的。采用哪种适当的比较方法并不十分确定，两种可供选择的方法都将在此得到详细的论述。在改革主义者的方法中，我们把市场结构包括信息的传递机制看成是给定的。我们仅仅要问的是：信息拥有者会过多或过少吗？或者，征收信息税或给予信息补贴的做法恰当吗？尽管已经证明单纯的市场手段并非总是有效的，但是要想确定信息的获得究竟是过多还是过少却是困难的。在不同的方面有不同的作用，由于信息的差异带来的收益是对私人的回报，而非对整个社会的回报，是个人牺牲了其他人的利益而得到的。从另一方面讲，既然信息由价格体系传递，如果信息对整个社会是有益的，那么，购买信息的个人比无信息者更能够对社会创造一个正的外部效应，参见杰里·格林(1973)和斯蒂格利茨(1971)。尽管信息无差别，但价格的分布取决于信息的环境。回到我们第一部分的例子中，既然当每个人都是完全信息者，那么，价格会随 η 和 X^S 变动。当所有人都是无信息者时，价格会只随 X^S 变动。理所当然，此时信息增加了价格的变动。价格波动性的增加可能会导致人们要素禀赋不确定性的增加，这就可能降低其期望效用。在我们详细讨论的例子中，人们具有完全厌恶风险的效用函数和任意赋予的要素禀赋(这里所有个人具有同样的要素分布)。在所有人都是无信息者时，他们的情况比所有人都是完全消息拥有者

时更好。[①]

最后，如果一段时期内持有一定数量资产的回报是年息加上资本收益，那么，风险资产的价格变动的增强将使风险资产的风险程度增加。因此，总的来说，信息会减少风险资产的风险程度，这至少从总的均衡影响中得到了部分补偿。

通过选择不同的方法获取信息引发了一些基本问题，如集中化市场与分散性市场的比较，在某种程度上讲，这是兰格—勒纳—泰勒—哈耶克论战的焦点。

当初的这场论战主要讨论了几种组织结构的信息效率问题，但没有对系统如何适应新信息进行分析，而且它被质疑：如果信息相同，那么，资源配置便相同。这样，不同组织的比较问题实质上变成了对组织由于采用不同的信息传递模式或不同的信息集中速度而造成的成本差异的比较。我们的分析表明，一个分散的经济可能是以个人具有差别信息为特征，他们的分析将信息和资源配置相分离是不恰当的，几种可供选择的信息结构是以不同的真实资源配置为特征的。格罗斯曼(1975b)使哈耶克关于价格是信息收集者的观点正式化，这篇文章证明了如果价格作为统计数据是完全充分的话，那么，由不同信息所有者对资源进行配置的竞争性经济不可能依靠具有完全信息的中央计划者进行进一步的改善。

① 这个结果是在个人的要素禀赋不能进行保险的情况下发生的。该结论对一个至今仍然没有合适解答的问题有所启发，该问题是：存在能够破坏市场稳定性的投机活动吗？这里我们将其等同于：相互间的暂时套利行为是否会导致高的价格变动性从而降低效用呢？答案是肯定的，确实，这种相互间的暂时套利行为可能降低福利。这种情况可能出现在个人是完全厌恶风险的例子中，因为按照证券分散投资理论，信息并不能起到资源配置的作用。

由于前面讨论过的原因，这种完全信息的市场不会刺激人们去获取信息，因而只有那些存在噪声的市场才可能存在均衡，但在这种市场上价格不是完全的信息收集者。在这种情况下，具有完全信息的中央计划者可以改善竞争性均衡。因此，在我们看来，兰格—勒纳—泰勒—哈耶克之争实质上是对两种经济最基本特征的争论。在第一种经济中，价格与由价格决定的资源配置是竞争性市场套购的结果，由于本文讨论的套购成本的原因，这种经济一定是不完备的。在第二种经济中，价格与由价格决定的资源配置是中央计划配置机制的结果，由于要花费监督官僚主义者的成本，所以这种经济也一定不是完备的。

因此，尽管由于无法掌握中央计划的信息机制的运行成本，我们不能对集权性组织与分权性组织之间究竟哪个更有效率提供明确的答案，但是，本文说明，对于该问题的传统分析哪怕没有什么错误，也是含有误导的成分。

参 考 文 献

G. *Akerlof*, "*The Market for 'Lemons': Qualitative Uncertainty and the Market Mechanism*," Quart. J. Econ., Aug. 1970, 89, 488—500.

—, "*A Theory of Information and Labor Markets*," *mimeo*, *Univ. of California, Berkeley, presented at the National Science Foundation-National Bureau of Economic Research Conference on the Economics of Information. Princeton*, 1973.

E. *Fama*, "*Efficient Capital Markets: A Review of Theory and Empirical Work*," J. Fin., 25, 383—417.

J.R. Green, "*Information, Efficiency and Equilibrium*," *disc. pap. no.* 284, *Harvard Institute of Economic Research*, *Mar.* 1973.

S. *Grossman*, "*The Existence of Futures Markets, Noisy Rational Expectations, and Informational Externalities*," *technical report no.* 182, IMSSS, *Stanford Univ.*, *Sept.* 1975a.

—, "*On the Efficiency of Competitive Stock Markets where Traders have Diverse Information*," *technical report no.* 183, IMSSS, *Stanford Univ.*, *Sept.* 1975b, J. Fin. *forthcoming*, *May* 1976.

—*and J. E. Stiglitz*, "*On the Impossibility of Informationally Perfect Markets*," *paper presented to Dallas meetings of the Econometric Society*, *Dec.* 1975.

F. A. *Hayek*, "*The Use of Knowledge in Society*," Amer. Econ. Rev., *Sept.* 1945, 35, 519—530.

J. Hirshleifer, "*The Private and Social Value of Information and the Reward to Incentive Activity*," Amer. Econ. Rev., *Sept.* 1975, 61, 562—574.

J. Keynes, The General Theory of Employment, Interest and Money, *New York* 1964.

J. Stiglitz, "*Perfect and Imperfect Capital Markets*," *paper presented to*

New Orleans meeting of the Econometric Society, Dec. 1971.

—, "*Information and Capital Markets*," *Mimeo*, *Oxford Univ*. 1974.

—, "*Markets for Heterogeneous Labor with Imperfect Information*," *mimeo*, *Stanford Univ*. 1975.

论信息有效市场的不可能性*

桑福德·格罗斯曼 约瑟夫·斯蒂格利茨

如果竞争性均衡被定义为不存在套利的状态，那么，这个竞争性的经济能够一直处于均衡状态吗？显然不能。因为如果存在均衡，套利者将不会从他们那些花费成本的行动中获得私人回报。因而当套利需要花费成本时，所有那些关于市场和信息总是处于均衡状态的假设与市场总是被完全套利是相互矛盾的。

在此我们提出一个模型，模型中包含了具有一定均衡度的非均衡：价格部分地反映拥有信息者（套利者）的信息，这样，花费一定资源获得信息的人才能得到回报。该价格体系如何传递信息取决于信息拥有者的数量，信息拥有者的数量本身则是模型的一个内生变量。

在这个十分简单的模型里，价格扮演了一个十分重要的角色，是它将信息从信息拥有者那里传递给无信息者。当信息拥有者观察到有价证券的回报正在上升时，他们愿意出高价购买，反之，则说明他们观察到了回报率的下降。价格体系通过将信息从信息拥

* 作者分别对宾夕法尼亚大学和普林斯顿大学表示谢意。十分感谢国家科学基金项目对该研究的资助（批准号：SOC76 - 18771 和 SOC77 - 15980）。本文是作者于1975 年在德克萨斯州达拉斯举行的经济计量学协会的会议上提交的论文修订稿。

有者那里传递到无信息者那里使信息得以公开。一般来说,价格体系并不能完全地做到这一点,但这可能是件好事,因为如果它完全传递了信息,将不存在均衡。

在第一部分中,我们将探讨总的方法论,并提出有关均衡性质的推测。文章的其余部分将注重分析我们模型中的一个重要例子,其中,将证明关于均衡性质的推测是正确的。结论部分讨论了我们采用的分析方法和本文结论的内在含义,特别对“有效资本市场”学说与我们的结论之间的关系进行了分析。

1. 模型

我们的模型可以被看成是罗伯特·卢卡斯创立的不完全合理预期模型的一个扩展,它可以被应用于杰里·格林(1973)、格罗斯曼(1975、1976、1978)、理查德·凯尔斯托姆和伦纳德·米尔曼对交易者间信息流动的研究。假设有两种资产,一是具有回报为 R 的安全资产,一是风险资产,且风险资产的回报 u 在不同时期的值是随机变化的。变量 u 包括两部分:

$$u=\theta+\varepsilon \tag{1}$$

其中,θ 是可以以一定的成本 c 观察到的,而 ε 是不可观察的。[①] θ 和 ε 都是随机变量。有两种人,一是可以观察到 θ 的交易者(信息拥有者),二是只能观察到价格的交易者(无信息者)。在我们的简

① 一个可供选择的解释是,θ 是对 u 的误差的衡量。这个可供选择的数学解释虽然有些不同,但结果却是相同的。

化模型中，所有交易者都无一例外地是同质的，他们是信息拥有者还是无信息者只取决于他们是否花费成本 c 来获得信息。信息拥有者的需求取决于 θ 和风险资产的价格 P，无信息者的需求只取决于 P。假设他们具有理性的预期，掌握回报的分布与价格分布之间的关系，并且能应用这些知识来决定他们对风险资产的需求。如果 x 代表风险资产的供给，当信息拥有者所占比例给定为 λ 时，均衡便可以表述为通过价格的函数 $P_\lambda(\theta,x)$ 计算出来的需求等于供给的状态。假设无信息者不能观察到 x，也不能通过对 $P_\lambda(\theta,x)$ 的观察来获得 θ，因为他们无法区分价格的变化究竟是由信息拥有者的信息量决定的还是由总供给的变化引起的。显然，$P_\lambda(\theta,x)$ 只能够向无信息者显示某些信息拥有者的信息。

我们可以计算信息拥有者的期望效用和无信息者的期望效用，如果前者大于后者（考虑到信息具有成本），那么，部分无信息者将选择成为信息拥有者。反之亦然。总的均衡要求两种类型交易者的期望效用相等，当更多的人成为拥有信息者时，信息拥有者的期望效用相对于无信息者的期望效用将有所下降，这主要是由于以下两个原因造成的：

第一，当更多的交易者观察到 θ 时，θ 的变动对总需求的影响很大，并因此对价格产生影响，这使得价格体系变得更加灵敏，因而信息拥有者的信息会更多地被无信息者获得，而且，信息拥有者通过与无信息者进行交易将获得比无信息者更多的收益。平均说来，在个人拥有的信息得到补偿时（这是相对于交易者所处的状态而言的），信息拥有者将会在低价位时购进证券，在高价位时卖出。[①]

① 此处描述的架构并没有十分清楚地构造出供给变动的影响，即 x 对商品存量的作用。格罗斯曼（1975，1977）考察了期货市场和存储能力对价格体系灵敏度的影响。

当价格体系变得更加灵敏时，交易者间的信息差别被削弱，这样，相对于无信息者，拥有信息的交易者能获得的收益数量也将下降。

第二，即使不会出现上面提到的影响，但相对于无信息者而言，拥有信息者比例的增加也意味着在与无信息者交易时信息拥有者的相关收益将会减少。

我们可以把以上经济均衡的特征概述为以下两个推测：

推测 1：成为信息拥有者的个人越多，价格体系越敏感。

推测 2：成为信息拥有者的个人越多，相对于无信息者的预期效用来说，信息拥有者的预期效用越低。

（推测 1 显然要求对“更加敏感”加以定义。该定义将在下一节和本书第 148 页注①中给出）

在均衡的经济中，信息拥有者的数量和无信息者的数量取决于几个关键参数：信息的成本、价格体系的灵敏程度（价格体系中存在多少影响信息传递的噪声）、拥有信息者的信息是如何传播出去的。

推测 3：信息成本越高，均衡中成为信息拥有者的人数比例就越小。

推测 4：如果信息拥有者拥有的信息质量越高，那么，拥有信息者的需求将会更多地随着他们拥有的信息的变化而变化，从而使价格随 θ 更加剧烈地波动。这样，价格体系在传播信息方面将变得更加敏感。显然，成为信息拥有者的价值随着 θ 质量的提高而增大，但是，成为无信息者的价值同时由于价格体系变得更加敏感而有所提高。所以，在均衡中，拥有信息者所占的比例相对于无信息者可能上升也可能下降。

推测 5:噪声越多,价格体系越迟钝,无信息者的期望效用水平越低。因而在均衡中噪声越多,信息拥有者所占的比例就越大。

推测 6:在一定条件下,如果不存在噪声,即价格传递了所有的信息,那么,交易者则不再有动力购买信息,仅仅可能存在的均衡是没有交易者拥有信息。但是,如果每个人都是无信息的,这将显而易见地促使一些人去成为信息拥有者。[①] 这样,就不存在竞争性均衡了。[②]

之所以会发生交易,是由于不同个人之间偏好不同(风险厌恶程度不同)、禀赋不同或信念不同。本文专注于讨论这三点中的最后一点。均衡的一个有趣特征就是在所有交易者都是信息拥有者或所有交易者都是无信息者时,个人的信念是一致的。这便引出了下面一个推测。

推测 7:如果其他条件相同,当拥有信息者在人群中所占比例(λ)接近 0 或 1 时,市场将变得很贫瘠。例如,市场将在价格体系毫无噪声的情况下(λ 接近于 0)或者当信息成本非常低时(λ 接近于 1)变得贫瘠。

在最后几段中,我们重点讨论了价格传递信息时的均衡性质的几个推测,但我们无法对其中任何一个假设进行一般性证明。

---

① 即当没有人是信息拥有者时,价格体系不能传递任何信息,那么,个人只能通过花费 c 美元来获取信息。通过支付 c 美元,个人将更好地预测何时持有风险资产是最优的,因而他的预期效用将比无信息者更高。因此,如果 c 足够低,所有的无信息者都将愿意成为信息拥有者。

② 参见格罗斯曼(1975、1977)论文中讨论的期货市场上的更为正式的例子。另参见斯蒂格利茨(1971、1974)论文中关于信息与不存在资本市场均衡的带有普遍性的讨论。

我们所做的工作只是仔细地分析一个有趣的例子，该例子假定个人具有不变的完全厌恶风险的效用函数，并且随机变量服从正态分布。在这个例子中，所有的均衡价格的分布可以实际地通过计算得出，这样，以上所有的推测便可以得到验证。文章的下一部分将注重解决这个特例中的均衡问题。①

2. 完全厌恶风险模型

2.1 有价证券

假设第 i 个交易者有两种类型的资产：安全性资产$\bar{M}_i$和风险资产$\bar{X}_i$。将风险资产的现价记为 P，将无风险资产的价格记为单位 1。这样，得到第 i 个交易者的预算约束

$$PX_i + M_i = W_{0i} \equiv \bar{M}_i + P\bar{X}_i \tag{2}$$

每单位无风险资产的期末价值为 R 美元，而每单位的风险资产值 u 美元。如果在时期末第 i 个交易者仍只持有该投资组合 (M_i, X_i)，那么，他的财富将为

$$W_{1i} = RM_i + uX_i \tag{3}$$

2.2 个人效用最大化

个人的效用函数是 $V_i(W_{1i})$。为简单起见，假设所有个人都

① 这里讨论的信息等式可能并非普遍地存在，参见格林(1977)。诚然，对于我们所用的效用函数来说，不存在均衡。

具有相同的效用函数，所以，我们将第 i 个人的效用函数加以“i”的脚注，而且，效用函数是幂指数形式的，即：

$$V(W_{1i})=-e^{-aW_{1i}},a>0$$

其中，a 是风险厌恶系数。每个交易者都在能够利用任何可得到信息的前提下追求预期效用的最大化，并且通过考虑信息对预期效用的影响来决定获取什么信息。

假设在(1)式中，θ 和 ε 服从多元正态分布，同时因为两者不相关，所以，它们满足

$$E\varepsilon=0 \tag{4}$$

$$E\theta\varepsilon=0 \tag{5}$$

$$\mathrm{Var}(u^{*}\mid\theta)=\mathrm{Var}\varepsilon^{*}\equiv\sigma_{\varepsilon}^{2}>0 \tag{6}$$

文中，我们将用上标 * 来表示一个变量是随机变量，因为对于给定的一个投资组合，W_{1i}是 ε 的一个线性函数，并且一个正态分布随机变量的线性组合仍服从正态分布，从而 W_{1i}关于 θ 的条件分布是正态的。这样，利用(2)和(3)式，掌握 θ 的信息拥有者的预期效用可以写为

$$E(V(W_{1i}^{*})\mid\theta)=-\exp\left(-a\left\{E[W_{1i}^{*}\mid\theta]-\frac{a}{2}\mathrm{Var}[W_{1i}^{*}\mid\theta]\right\}\right)$$

$$=-\exp\left(-a\left[RW_{0i}+X_{I}\{E(u^{*}\mid\theta)-RP\}-\frac{a}{2}X_{I}^{2}\mathrm{Var}(u^{*}\mid\theta)\right]\right)$$

$$=-\exp\left(-a\left[RW_{0i}+X_{I}(\theta-RP)-\frac{a}{2}X_{I}^{2}\sigma_{\varepsilon}^{2}\right]\right) \tag{7}$$

其中，X_I 是一个信息拥有者对风险资产的需求。对于 X_I 最大化(7)式便可得到一个风险资产的需求函数：

$$X_{I}(P,\theta)=\frac{\theta-RP}{a\sigma_{\varepsilon}^{2}} \tag{8}$$

上式的右边是我们熟悉的结果：具有完全不变的厌恶风险特征的交易者的需求并不取决于他们的财富水平，因而(8)式左边不需要脚注 i。

现在，我们推导无信息者的需求函数，假设"噪声"的唯一来源是风险资产 x 的单位供给。

我们再将 $P^*(\cdot)$ 表示为 (θ,x) 的某个特定的价格函数，以使 u^* 和 P^* 服从联合正态分布（我们将在下面证明存在这个函数）。接着，可以写出无信息者的如下式子

$$E(V(W_{1i}^*)\mid P^*)=-\exp\left[-a\left\{E[W_{1i}^*\mid P^*]-\frac{a}{2}\operatorname{Var}[W_{1i}^*\mid P^*]\right\}\right] \tag{7'}$$

$$=-\exp\left[-a\left\{RW_{0i}+X_U(E[u^*\mid P^*]-RP)-\frac{a}{2}X_U^2\operatorname{Var}[u^*\mid P^*]\right\}\right]$$

从而无信息者的需求是价格函数 P^* 和真实价格 P 的函数：

$$X_U(P;P^*)=\frac{E[u^*\mid P^*(\theta,x)=P]-RP}{a\operatorname{Var}[u^*\mid P^*(\theta,x)=P]} \tag{8'}$$

2.3 均衡价格分布

如果 λ 表示那些决定成为信息拥有者的人所占的比例，那么，可以将均衡的价格体系定义为 (θ,x) 和 $P_\lambda(\theta,x)$ 的函数，该函数使得对所有的 (θ,x) 都有风险资产的需求等于供给：

$$\lambda X_I(P_\lambda(\theta,x),\theta)+(1-\lambda)X_U(P_\lambda(\theta,x);P_\lambda^*)=x \tag{9}$$

在下面的讨论中，函数 $P_\lambda(\theta,x)$ 被视为一个统计均衡。如果无信息者经过反复观察可以得到对 (u^*,P_λ^*) 的多组认识，那么，就可以掌握 (u^*,P_λ^*) 的联合分布。在掌握了 (u^*,P_λ^*) 的所有联合分布后，交易者将做出资产配置的选择并形成期望，以使先前的

联合分布得以持续下去。这是由(8)、(8′)和(9)式得出的,三式中的市场出清价格是在考虑到无信息者掌握价格传递信息的前提下得出的。

现在,我们证明存在均衡的价格分布,从而使 P^* 和 u^* 服从联合正态分布,而且,可以表示出这个价格分布。我们定义

$$w_\lambda(\theta,x)=\theta-\frac{a\sigma_\varepsilon^2}{\lambda}(x-Ex^*) \tag{10a}$$

其中,$\lambda>0$,$w_0(\theta,x)$用于表示数目:对于所有的(θ,x)

$$w_0(\theta,x)=x \tag{10b}$$

这里,w_λ 表示包含了噪声的随机变量 θ。① 噪声的数量与信息拥有者的数量成反比,但与 ε 的方差成正比变化,可以证明均衡价格是 w_λ 的一个线性函数。因此,如果 $\lambda>0$,价格体系将传递 θ 的信息,但传递得并不完全。

2.4 均衡的存在和一个定理

定理 1:如果$(\theta^*,\varepsilon^*,x^*)$服从非退化的联合正态分布,那么,$\theta^*$、$\varepsilon^*$ 和 x^* 是相互独立的,于是,得出(9)式的一个解,该解表示为 $P_\lambda(\theta,x)=\alpha_1+\alpha_2 w_\lambda(\theta,x)$的形式,其中,$\alpha_1$和 α_2是两种交易者的真实数量,且取决于 λ,因而 $\alpha_2>0$(如果 $\lambda=0$,价格则不包括任何 θ 的信息)。$P_\lambda(\theta,x)$的确切表达式由附录(A10)式给出,定理的证明也将在附录中给出。

定理 1 的重要性在于它是对均衡价格体系中信息特征的一个

① 如果 $y'=y+z$,且 $E[Z|y]=0$,那么,y'恰好表示包含噪声的 y。

简化描述，从信息角度讲 P_λ^* 等价于 w_λ^*。从(10)式中可得 w_λ^* 是 θ 的均值不变的分布，即 $E(w_\lambda^* \mid \theta)=\theta$，且

$$\mathrm{Var}[w_\lambda^* \mid \theta]=\frac{a^2\sigma_\varepsilon^4}{\lambda^2}\mathrm{Var}x^* \tag{11}$$

对于每种经济状态，θ 均代表无信息者要掌握的信息，但噪声 x^* 使得 w_λ^* 无法完全掌握 θ。无信息者通过观察 P_λ^*（进而通过观察 w_λ^*）可以达到的掌握信息的程度用 $\mathrm{Var}[w_\lambda^* \mid \theta]$ 来衡量。当 $\mathrm{Var}[w_\lambda^* \mid \theta]$ 为零时，w_λ^* 和 θ 完全相关，因此，当无信息者观察到 w_λ^* 时也就相当于观察到了 θ。另一方面，当 $\mathrm{Var}[w_\lambda^* \mid \theta]$ 非常大时，对于给定的 θ 将有许多与之相联系的 w_λ^*。在这种情况下，w_λ^* 的特定观察值对真实的 θ 几乎没有什么解释力。①

由(11)式可清楚地看到，大量的噪声（高的 $\mathrm{Var}x^*$ 值）将导致价格体系变得不精确，相反，另一个影响价格体系精确程度 $(a^2\sigma_\varepsilon^4/\lambda^2)$ 的因素相比之下则微弱得多。当 a 很小时（交易者并不十分厌恶风险），信息拥有者将会产生对风险资产的需求，且该需求易于受 θ 变化的影响。更进一步地讲，λ 值越大，信息拥有者的需求越容易受影响，因此，一个小的 $(a^2\sigma_\varepsilon^4/\lambda^2)$ 值意味着信息拥有者的总需求越容易受 θ 的影响。对于一个固定的噪声水平（即 $\mathrm{Var}x^*$ 固定），由 θ 变动引起的总需求变动越大，由 θ 变动引起的价格波动就越强烈，即与 θ 相比 x^* 对价格波动有着更强的决定作用。因此，对于小的 $(a^2\sigma_\varepsilon^4/\lambda^2)$ 值，交易者可以确切掌握价格水平。

---

① 形式上，从 w_λ^* 能够传递有关 θ 信息的角度讲，它是对布莱克威尔定理的一个检验。在假定其他情况均不变的情况下，很容易证明 $\mathrm{Var}[w_\lambda^* \mid \theta]$ 越小，价格就能更加灵敏地传递信息。参见格罗斯曼、凯尔斯托姆和米尔曼的论文（第 239 页）。

例如，高的 θ 值会引起价格水平突然变高。信息拥有者的信息正是通过这种方式传递给了无信息者。

2.5　信息市场的均衡

到目前为止，我们所描述的是给定 λ 的均衡价格分布。现在，我们定义一个对于每一组 (λ, P_λ^*) 的一个总的均衡，这一均衡使得当 $0<\lambda<1$ 时，信息拥有者的期望效用等于无信息者的期望效用；信息拥有者的期望效用在 P_0^* 处比无信息者的期望效用小时，$\lambda=0$；信息拥有者的期望效用在 P_1^* 处比无信息者的期望效用大时，$\lambda=1$。接下来，令

$$W_{Ii}^\lambda \equiv R(W_{0i}-c)+[u-RP_\lambda(\theta,x)]X_I(P_\lambda(\theta,x)\theta) \tag{12a}$$

$$W_{U1}^\lambda \equiv RW_{0i}+[u-RP_\lambda(\theta,x)]X_U(P_\lambda(\theta,x);P_\lambda^*) \tag{12b}$$

其中，c 是观察 θ^* 的成本。如果个人决定成为信息拥有者，那么，(12a)式给出了期末时他的财富水平，(12b)式给出了个人宁愿成为无信息者时的财富水平。由于 W_{0i}、u、θ 和 x 是随机的，我们应注意到时期末的财富水平是随机变动的。

在估计W_{Ii}^λ时，我们没有假设单个交易者掌握他通过支付 c 美元观察到的 θ^* 究竟是哪一个，交易者是在支付了 c 美元后观察到了一系列的 θ^*。W_{Ii}^λ 总的期望效用取决于所有可能的 θ^*、ε^*、x^* 和W_{0i}。W_{0i}是随机变量，理由是：第一，从(2)式可以看出它取决于 $P_\lambda(\theta,x)$，而 $P_\lambda(\theta,x)$ 的随机性由(θ,x)决定；第二，在接下来的讨论中，$\bar{X}_i$ 被我们假定成随机的。

我们将在下文证明 $EV(W_{Ii}^\lambda)/EV(W_{Ui}^\lambda)$ 是独立于 i 的，但它是

λ、a、c 和σ_{ε}^{2}的一个函数。我们在附录中给出简单的证明。

定理 2:在定理 1 的假定下,如果$\bar{X}_i$与(u^*,θ^*,x^*)是独立的,那么

$$\frac{EV(W_{Ii}^{\lambda})}{EV(W_{Ui}^{\lambda})}=e^{ac}\sqrt{\frac{\mathrm{Var}(u^*\mid\theta)}{\mathrm{Var}(u^*\mid w_{\lambda})}} \tag{13}$$

2.6　存在总的均衡

定理 2 在证明总的均衡的唯一性和进行比较静态分析时十分有用。我们在这里重申,总的均衡要求 $0<\lambda<1$,$EV(W_{Ii}^{\lambda})/EV(W_{Ui}^{\lambda})=1$。由(13)式得

$$\frac{EV(W_{Ii}^{\lambda})}{EV(W_{Ui}^{\lambda})}=e^{ac}\sqrt{\frac{\mathrm{Var}(u^*\mid\theta)}{\mathrm{Var}(u^*\mid w_{\lambda})}}\equiv\gamma(\lambda) \tag{14}$$

因而总的均衡只要求满足 $0<\lambda<1$

$$\gamma(\lambda)=1 \tag{15}$$

为了更加精确些,我们现在来证明:

定理 3:如果 $0\leqslant\lambda\leqslant1$,$\gamma(\lambda)=1$,$p_{\lambda}^{*}$ 由附录(A10)给出,那么,(λ,p_{λ}^{*})是一个总的均衡。如果 $\gamma(1)<1$,(1,p_{1}^{*})则是一个总的均衡。如果 $\gamma(0)>1$,(0,p_{0}^{*})是一个总的均衡。对于所有均衡价格 p_{λ},p_{λ}是w_{λ}的单调函数,都存在唯一一个总的均衡(λ,p_{λ}^{*})。

证明:

(12)式、定理 1 和 2 给出了总的均衡的定义,我们可以证明定理头三句话的正确性,可以从(A11)和(A14)式中$\gamma(\cdot)$的单调性得出均衡的唯一性。同时,马上可以证明定理中后两句话的正确性。

在证明定理 3 的过程中,我们已经注意到:

推论 1：$\gamma(\lambda)$是关于λ的一个严格单调递增的函数。

这个推论看似矛盾，我们期望得到的是信息拥有者和无信息者的期望效用之比是λ的递减函数。但是，我们已经把效用定义为负的，因此，当λ上升时，信息拥有者的期望效用相对于无信息者的期望效用而言是下降的。

记函数$\gamma(0)=e^{ac}(\mathrm{Var}(u^*|\theta)/\mathrm{Var}\,u^*)^{1/2}$，图 1 显示了均衡$\lambda$值的决定。这个图假设$\gamma(0)<1<\gamma(1)$。

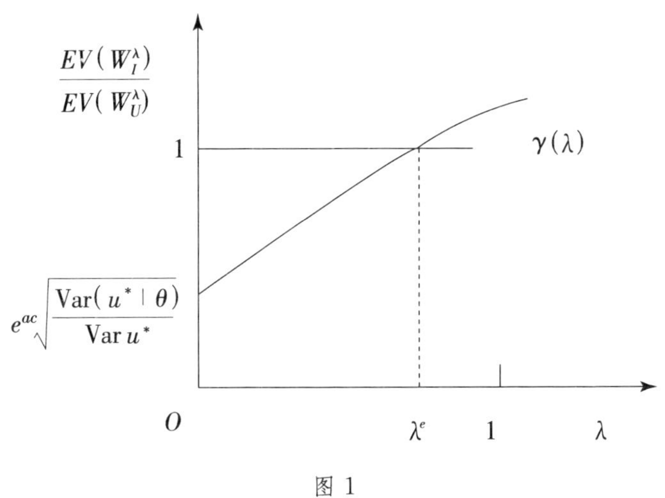

图 1

2.7 均衡的描述

我们希望对均衡作进一步的描述。接下来，我们定义：

$$m=\left(\frac{a\sigma_\varepsilon^2}{\lambda}\right)^2\frac{\sigma_x^2}{\sigma_\theta^2} \tag{16a}$$

$$n=\frac{\sigma_\theta^2}{\sigma_\varepsilon^2} \tag{16b}$$

我们注意到，既然P_λ^*和θ^*之间相关系数的平方ρ_θ^2可以由

(17)式给出，那么，m 与价格体系的灵敏性是负相关的

$$\rho_{\theta}^{2}=\frac{1}{1+m} \tag{17}$$

同理，由于 $n/(1+n)$ 是 θ^{*} 和 u^{*} 相关系数的平方，故 n 与信息拥有者的相关信息的质量直接相关。

(14)和(15)式说明了信息成本 c 决定了信息拥有者与无信息者之间拥有的信息质量的均衡比例 $(\mathrm{Var}(u^{*}\mid\theta))/\mathrm{Var}(u^{*}\mid w_{\lambda})$。根据(1)式、附录中的(A11)和(16)式，可以将这个比例改写为

$$\frac{\mathrm{Var}(u^{*}\mid\theta)}{\mathrm{Var}(u^{*}\mid w_{\lambda})}=\frac{1+m}{1+m+nm}=\left(1+\frac{nm}{1+m}\right)^{-1} \tag{18}$$

将(18)式代入(14)式，通过应用(15)式，得：当 $0<\lambda<1$ 时，在均衡时

$$m=\frac{e^{2ac}-1}{1+n-e^{2ac}} \tag{19a}$$

或者

$$1-\rho_{\theta}^{2}=\frac{e^{2ac}-1}{n} \tag{19b}$$

(19)式支持了 $\gamma(0)<1<\gamma(1)$ 这一条件，因为该条件保证了均衡的 λ 处于 0 与 1 之间。(19b)式表明均衡状态下价格体系的信息灵敏度完全取决于信息成本 c、信息拥有者的信息质量 n 和风险厌恶程度 a。

2.8 比较静态

根据(19b)式，可即刻得到若干个比较静态的分析结果：

1)信息质量(n)的提高会增加价格体系的灵敏程度。

2)信息成本的降低将使价格体系的灵敏程度增加。

3)风险厌恶程度的降低将导致信息拥有者在交易中占更大的

比例，从而增加了价格体系的灵敏程度。

进一步讲，当 c 保持不变时，所有 n、a 等其他的参数的变化不会改变均衡时价格体系的灵敏程度，仅会导致 λ 的变化，而 λ 的变化恰好又能抵消参数变化的作用。例如：

4）噪声σ_x^2的增加将增大拥有信息者所占的比例。对于每一个给定的 λ，噪声的增加将降低价格体系的灵敏水平，但它可以增加信息的回报，并使一些人愿意成为信息拥有者；上面我们已经得到的那个值得关注的结论同样阐述了这样一个观点：两种作用的效果恰好互相抵消，从而使得均衡价格体系的灵敏程度不变。这可以从（16a）和（18）式中得到概略的解释，在（16a）式中，对于每个给定的 λ，σ_x^2的增加将导致 m 变大，从而使（18）式中（$\mathrm{Var}(u^* \mid \theta)$）/$\mathrm{Var}(u^* \mid w_\lambda)$降低。因此，在（14）式中，$\sigma_x^2$的增大将导致图 1 中$\gamma(\lambda)$曲线垂直向下移动，从而得到一个更高水平的 λ^e。

5）同样，固定常数 n 时，σ_ε^2的增加（等同于固定常数 n 时，u 的方差增加）将导致信息拥有者的比重上升，且上升幅度恰好可以补偿方差的增加，结果，价格体系的灵敏水平维持不变。同样，我们可以从图 1 得到该结果。由于（16）式可以用来表示当 n 保持不变时，通过增大σ_θ^2而引起的σ_ε^2的提高对于每个给定 λ 将导致 m 的增加。在（18）和（14）式中，这将导致$\gamma(\lambda)$曲线垂直向下移动，从而得到一个更高水平的 λ^e。

6）在保持σ_u^2不变的情况下，如果σ_θ^2上升（这意味着σ_ε^2下降），那么，所获得信息的灵敏度更高，很难断定究竟会出现什么情况。而

这将导致 n 的上升，信息市场均衡时，价格体系的灵敏度随之上升。从(16)式可以清楚看到，在σ_θ^2上升时（保持$\sigma_u^2=\sigma_\theta^2+\sigma_\varepsilon^2$不变时），$m$ 和 nm 都会下降，这意味着$\gamma(\lambda)$曲线可能由于 c、a 和 n 价值的影响而上升或下降。① 在信息成本固定的条件下，随着拥有信息者拥有信息的精确程度的提高，拥有信息者的收益将提高，此时，就会出现上述那种模棱两可的情况。但是，随着精确程度更高的信息通过价格体系不断传递给无信息者，无信息者的收益则会不断上升。如果 n 足够小，价格体系 m 则不会十分灵敏，且对于信息拥有者来说信息的边际价值也会变高。因此，信息拥有者的相对收益将随 n 的上升而上升，这同时意味着均衡的 λ 值也随之上升。相反，当 n 很大时，价格体系是十分灵敏的，并且对于信息拥有者来讲，信息的边际价值非常低，所以，无信息者的相对收益也随之上升。

7）从(14)式可以明显地看出，信息成本 c 的增加将使 $\gamma(\lambda)$曲线向上移动，因而会降低信息拥有者的比例。

上述结果可以概括为以下定理：

---

① 从(14)和(18)式可以清楚地看到，随着给定 λ 值的σ_θ^2的上升，$\mathrm{Var}(u^*|\theta)\div\mathrm{Var}(u^*|w_\lambda)$会下降，这是 λ 上升的充分必要条件。这种情况当且仅当$\frac{nm}{1+m}$上升时才会出现。利用(16)式在 $d\sigma_u^2=0$（即 $d\sigma_\theta^2=-d\sigma_\varepsilon^2$）的约束条件下，将$\frac{nm}{1+m}$对$\sigma_\varepsilon^2$做微分，于是我们得到

$$\frac{d}{d\sigma_\theta^2}\left(\frac{nm}{1+m}\right)=sgn\left[m\left(\frac{n+1}{n}\right)-1\right]=sgn\left[\left(\frac{\gamma}{n-\gamma}\right)\left(\frac{n+1}{n}\right)-1\right]$$

其中，$\gamma\equiv e^{2ac}-1$，第二个等式由(19a)式给出。对于很大的 n 值，等式得到的结果是负的，以至于 λ 由于信息拥有者所拥有的信息精确度的增加而下降。同理，如果 n 充分小，等式得到的结果是正的，从而 λ 上升。

定理 4:对于满足 $0<\lambda<1$ 的均衡 λ 值:

第一,在 n 上升,或者 c 下降,或者 a 下降时,均衡价格体系的灵敏程度 ρ_θ^2 将上升。

第二,在 n 固定时,如果 σ_x^2 变动,或者 σ_u^2 变动,均衡价格体系的灵敏程度保持不变。

第三,如果 c 下降,或者,在 n 保持不变时 σ_x^2 上升或 σ_u^2 上升,那么,均衡中信息拥有者所占的比率将上升。

第四,如果 $\bar{n}$ 满足 $(e^{2ac}-1/(\bar{n}-(e^{2ac}-1))=\bar{n}/(\bar{n}+1)$ 的条件,那么,$n\leqslant\bar{n}$ 意味着如果 n 上升,λ 将下降(或上升)。

证明:

上文已经证明了第一至第三点,第四点则在第 154 页注①中得到了证明。

2.9 价格无法完全反映有成本的信息

我们现在考虑某一类受约束的情形 $\gamma(0)\leqslant1\leqslant\gamma(1)$,证明如果 $c>0$,并且价格完全反映信息时均衡将不存在。

1)当信息的成本趋于 0 时,价格体系变得更加灵敏,但对于一个正的 c 值,如 $\hat{c}$,所有交易者都是拥有信息者。从(14)和(15)两式可知 $\hat{c}$ 满足

$$e^{a\hat{c}}\sqrt{\frac{\operatorname{Var}(u^*\mid\theta)}{\operatorname{Var}(u^*\mid w_1)}}=1$$

2)由(19a)式可知,当信息拥有者拥有信息的精确程度 n 趋于无穷时,即 $\sigma_\varepsilon^2\to0$ 和 $\sigma_\theta^2\to\sigma_u^2$,其中,$\sigma_u^2$ 保持不变,价格体系便完全地传递了信息,于是,信息拥有者的比例将趋近于 0,这可以从(18)和(15)式得出。也就是说,当 $\sigma_\varepsilon^2\to0$,要使均衡得以维持,$\frac{nm}{1+m}$必

须是常数。但从(19b)和(17)式可知，当 σ_ε^2 趋近于0时 m 下降，因此，nm 一定下降，但 nm 一定不趋近于0或者说 $\frac{nm}{1+m}$ 不是常数。由(16)式得 $mn=(a/\lambda)^2\sigma_\varepsilon^2\sigma_x^2$，因而当 $\sigma_\varepsilon^2\to 0$ 时，λ 必须趋近于0，以使 nm 不趋近于0。

3)从(16a)和(19a)两式可知，当噪声 σ_x^2 趋于零水平时，信息拥有者所占比例趋于0。更进一步讲，既然(19a)式已表明 m 在 σ_x^2 变化时保持不变，那么，在 $\sigma_x^2\to 0$ 时，价格体系的灵敏程度将保持不变。

假设 c 足够小以至于对于交易者来讲成为信息拥有者是值得的，如果 $\sigma_x^2=0$，或者 $\sigma_\varepsilon^2=0$，将不存在竞争性均衡。为了说明这一点，我们首先注意到均衡要求信息拥有者的期望效用与无信息者期望效用的比等于1，或者当该比率超过1时，没有人愿意成为信息拥有者。我们能够证明，当所有人都是无信息者时，该比率小于1，结果 $\lambda=0$，使均衡不存在；当 $\lambda>0$ 时，该比率大于1。换句话说，如果 $\sigma_x^2=0$ 或者 $\sigma_\varepsilon^2=0$，那么，期望效用之比在 $\lambda=0$ 处不是关于 λ 的连续函数。

这可以通过观察在 $\lambda=0$ 处 $\mathrm{Var}(u^*\mid w_0)=\mathrm{Var}u^*$ 得出，再借助(14)式可得

$$\frac{EV(W_{Ii}^0)}{EV(W_{Ui}^0)}=e^{ac}\sqrt{\frac{\sigma_\varepsilon^2}{\sigma_\varepsilon^2+\sigma_\theta^2}}=e^{ac}\sqrt{\frac{1}{1+n}} \tag{20}$$

如果 $\lambda>0$，利用(18)式，我们又得

$$\frac{EV(W_{Ii}^\lambda)}{EV(W_{Ui}^\lambda)}=e^{ac}\sqrt{\frac{1}{1+n\dfrac{m}{m+1}}}$$

但是，如果 $\sigma_x^2=0$，或 $\sigma_\varepsilon^2=0$，当 $\lambda>0$ 时，$m=0$，$nm=0$，因而

$$\lim_{\lambda\to 0}\frac{EV(W_{Ii}^\lambda)}{EV(W_{Ui}^\lambda)}=e^{ac} \tag{21}$$

这即刻引出了下一个定理：

定理5：第一，在不存在噪声（$\sigma_x^2=0$）的情况下，当且仅当 $e^{ac}<\sqrt{1+n}$时，总的均衡不存在；第二，如果信息是完备的（$\sigma_\varepsilon^2=0$，$n=\infty$），也将不存在均衡。

证明：

第一，如果 $e^{ac}<\sqrt{1+n}$，通过（20）和（21）式，$\gamma(\lambda)$在 $\lambda=0$ 点是非连续的，既然（20）式中 $\gamma(0)<1$，那么，$\lambda=0$ 也不满足均衡。借助（21）式得 $\gamma(\lambda)>1$，结果，$\lambda>0$ 也不是均衡。

第二，如果 $\sigma_\varepsilon^2=0$，$\sigma_\theta^2=\sigma_u^2$ 使得信息是完备的，那么，对于 $\lambda>0$，借助（16）式得 $nm=0$。再借助（21）式得 $\gamma(\lambda)>1$，从（20）式得 $\gamma(0)=0<1$。

如果没有噪声且交易者拥有信息，那么，他们拥有的信息都能够通过价格体系由信息拥有者传递给无信息者。这样，每一个信息拥有者都扮演了市场价格的接受者角色，在他们看来，如果他们变为无信息者，价格体系的灵敏程度也不会受到丝毫影响，故 $\lambda>0$ 并非均衡。从另一方面看，如果交易者都是无信息者，那么，每个无信息者都不会从价格体系获得信息，因此，如果 $e^{ac}<(1+n)^{\frac{1}{2}}$，他们就有动力成为信息拥有者。同样，如果信息拥有者获得了完备信息，他们的需求将对信息十分敏感，这样市场出清价格会变得对信息很敏感，并会将 θ 显示给那些无信息者。因此，所有交易者就有动力成为无信息者。然而，如果交易者全部是无信息者的话，每个交易者都可以通过购买信息来排除投资的风险，这样，每个交易者就有动力成为信息拥有者。

在下一部分，我们将证明不存在竞争性均衡可以被看成是竞争性市场由于交易量微小而瓦解的情况。也就是说，我们将证明随着 σ_x^2 变得很小，交易量将趋向于0，市场便没有交易了。由于均

衡不会在 $\sigma_x^2=0$ 点处存在，因而竞争性市场会在均衡不存在之前由于交易量微小而瓦解。

3. 投机市场的贫瘠

总的来说，交易的发生是由于交易者在禀赋、偏好和信念上存在差异。格罗斯曼(1975、1977、1978)已经论证了交易者偏好的差异不是解释投机市场交易量的主要因素。出于这个原因，在第 2 节中我们假设了所有交易者具有同样的风险偏好(应当注意到第 2 节所有的结果都要求交易者具有相同的厌恶风险系数)。在这一节中，我们假设交易的发生要求交易者在禀赋和信念上存在差异，而不将风险偏好的差异作为解释变量。①

显然，竞争性市场的运行需要某些固定成本，而且只有在市场上的交易有利可图时，交易者才愿意承担这些成本。假定交易者具有同样的禀赋和信念，竞争性均衡将使他们的资源配置状况与他们初始的禀赋水平相同。因此，如果进入市场需要成本的话，那么将没有交易者愿意这么做。下面我们将证明在一类重要的情况中，一定量的净交易可以连续地发生。这就是说，当初始禀赋水平相同而人们的信念存在细微差别时，在竞争性均衡状态中，个人的投资组合与他们的初始禀赋水平仅仅存在细微的差别。因而进入

---

① 第 2 节描述的模型假设个人的要素禀赋 $\bar{X}_i$ 独立于市场的个体要素禀赋 x^*。这是我们所做的基础性工作，因为在这种情况下可以认为在个人禀赋中不包含有关市场禀赋情况的信息。因为个人观察到了 $P_\lambda(\theta,x)$，那么，这种信息在均衡中便是有用处的。如果个人由于观察到 $\bar{X}_i$ 而掌握了关于 x 的某些情况，然后，通过观察 $P_\lambda(\theta,x)$，$\bar{X}_i$ 在推断 θ 时就是有价值的。我们可以在模型中考虑这一点，但那样做会给原本计算已很复杂的模型增加不必要的麻烦。

这样的竞争性市场的收益是十分有限的。在运行成本充分高的情况下，进入市场的成本将超过这个微小的收益。

在任意日期，发生交易的数量是一个随机变量，是一个关于 θ 和 x 的函数，并容易证明它是一个服从正态分布的随机变量。从某种意义上讲，如果交易者不是信息拥有者就是无信息者，那么，个人可以推测市场将变得贫瘠，因为决定市场规模的一个首要因素就是个人信念的差异。这一点并不明显，因为单一交易者的交易量可能也是 λ 的函数，并且活跃的交易者可以完成相当于多个普通交易者的工作量。因此，从某种意义上讲，在我们建立的模型里，我们所作的推测是正确的。

我们首先计算作为外生变量 θ 和 x 的函数的交易数量，记为 $h \equiv \sigma_{\varepsilon}^{2}$，$\bar{x}=Ex^{*}$，$\bar{\theta} \equiv E\theta^{*}$（实际交易数量取决于交易者禀赋的随机分布，但在此没有考虑它）。这样，每单位净交易等于：①

① 净交易量分布的计算

$$\frac{\lambda}{ah}(\theta-RP_{\lambda})+\frac{(1-\lambda)\left[(\bar{\theta}-RP_{\lambda})(1+m)n+\theta-\bar{\theta}-\frac{ah}{\lambda}(x-\bar{x})\right]}{ah(1+m+nm)n}=x$$

或者是

$$\frac{(\theta-RP_{\lambda})}{ah}\left(\lambda+\frac{(1-\lambda)(1+m)}{1+m+nm}\right)=\left(\frac{\theta-RP_{\lambda}}{ah}\right)\left(\frac{1+m+\lambda nm}{1+m+nm}\right)$$
$$=x+\frac{(1+\lambda)\left([(m+1)n-1](\theta-\bar{\theta})+\frac{ah}{\lambda}(x-\bar{x})\right)}{ah(1+m+\lambda nm)n}$$

或者是

$$X_I=\frac{1+m+nm}{1+m+\lambda nm}\times\left[x+\frac{(1-\lambda)\left([(m+1)-1](\theta-\bar{\theta})+\frac{ah}{\lambda}(x-\bar{x})\right)}{ah(1+m+nm)n}\right]$$

$$X_I-x=\frac{(1-\lambda)\left[\left(nm+\frac{ah}{\lambda}\right)(x-\bar{x})+[(m+1)-1](\theta-\bar{\theta})+\bar{x}nm\right]}{(1+m+\lambda nm)n}$$

$$X_I - x =$$

$$(1-\lambda)\left[\left(nm+\frac{ah}{\lambda}\right)(x-\bar{x})+[(m+1)n-1](\theta-\bar{\theta})+\bar{x}nm\right]\div [1+m+\lambda nm] \tag{22}$$

因而信息拥有者的总交易量的均值是

$$E\lambda(X_I - x)=\frac{(1-\lambda)\lambda m\bar{x}}{1+m+\lambda nm} \tag{23}$$

它的方差是

$$\sigma_\theta^2(1-\lambda)^2\lambda^2\left[[(m+1)n-1]^2+\left(nm+\frac{a\sigma_\varepsilon^2}{\lambda}\right)^2\frac{\sigma_x^2}{\sigma_\theta^2}\right]\div(1+m+\lambda nm)^2 n^2 \tag{24}$$

在最后一部分，我们将考虑在 $\lambda\to 0$ 的约束条件下外生变量的某些作用。接下来的定理证明了当 $\lambda\to 0$ 时交易量的均值和方差趋近于 0，这就是说，$\lambda(X_I - x)$ 的分布在 $\lambda\to 0$ 时变成了退化的。这一点很重要，因为如果 $n\to\infty$（信息非常精确），则 $\lambda\to 0$。此时，信息拥有者的需求 $X_I(P,\theta)$ 在大多数价格水平上将趋近于无穷，因为风险资产的风险水平由于完备信息而变得越来越低。

定理 6：第一，对于足够大或足够小的 c 值，交易量的均值和方差是 0；第二，当拥有信息者的信息精确度 n 趋于无穷时，交易量的均值和方差都将趋近于 0。

证明：

第一，在第 2 节第 2.9 小节的解释 1）中，因为（23）和（24）式意味着交易量在 0 处退化，故当 $c\leqslant\hat{c}$ 时，$\lambda=1$。从（14）式可以看到，对于充分大的 c，如 c^0，$\gamma(0)=1$，故均衡的 $\lambda=0$，当 c 从左端趋近于 c^0 时，$\lambda\to 0$，从（14）、（15）和（18）式可得 $\lim_{c\uparrow c^0}(1+nm/(1+$

$m))^{-1/2}=e^{-ac^0}$，因而 $\lim_{c\uparrow c^0}(nm/(1+m))$ 是一个有限的正数。由(22)式可知，交易量的均值在 $c\uparrow c^0$ 时趋于 0。如果(24)式的分母和分子都被 $(1+m)^2$ 除，那么，再次利用 $m/(1+m)$ 具有有限极限的性质，可得出当 $c\uparrow c^0$ 时，$\lambda\to 0$，且交易量的方差趋于 0。

第二，借助(14)、(15)和(18)式可知，$nm/(1+m)$ 在 $n\to\infty$ 时是常数。进一步讲，根据第 2 节第 2.9 小节解释 2)可得当 $n\to\infty$ 时，$\lambda\to 0$。因此，由(23)和(24)式可得，交易量的均值和方差都趋近于 0。

第三，由第 2 节第 2.9 小节解释 3)可知，m 是一个常量，当 $\sigma_x^2\to 0$ 时，λ 趋近于 0。因此，交易量的均值趋近于 0。在(24)式中，利用(16a)式我们可以注意到 $(nm+a\sigma_\varepsilon^2/\lambda)^2\sigma_x^2/\sigma_\theta^2=(nm\sigma_x/\sigma_\theta+(m)^{1/2})^2$。因此，交易量的方差在 $\sigma_x^2\to 0$ 时趋近于 0。

进而我们可知，$\lambda(X_I-x)+(1-\lambda)(X_U-x)=0$ 意味着当 $\lambda\to 1$ 时将没有可能发生交易，因此，竞争性市场均衡与有效信息市场之间是相互矛盾的。该结论可以解释为在价格能够传递大量信息的投机市场上交易量十分微小，因为市场是由具有近似相同信念的交易个人组成的。

4. 可能存在完备市场

在第 2 节中，我们证明了价格体系将信号 w_λ^* 提供给了交易者，这里

$$w_\lambda\equiv\theta-\frac{a\sigma_\varepsilon^2}{\lambda}(x-Ex^*)$$

因此，对于给定的信息拥有者的信息价格体系可以传递一个含有噪声的 θ，噪声为$\frac{a\sigma_\varepsilon^2}{\lambda}(x-Ex^*)$。无信息者掌握 θ 是均值为 0、方差为$(a\sigma_\varepsilon^2/\lambda)^2\mathrm{Var}\ x^*$的随机变量，其中，$\sigma_\varepsilon^2$是信息拥有者拥有信息精确度，$\mathrm{Var}\ x^*$ 是不确定性禀赋的数量，λ 是信息拥有者所占的比重，a 为完全厌恶风险系数。因此，一般说来，价格体系无法完全传递有关风险资产真实价值的信息（因为 θ 反映了风险资产价值的所有可利用信息，故 θ 是风险资产的真实价值）。

只有拥有信息者利用信息获得了比无信息者更好的市场状况时，他们才能通过收集信息的行动获得回报。"有效市场"理论认为，"在任何时点上，价格总是反映所有的可利用信息"（参见尤金·法马，第 383 页）。如果是这样的话，拥有信息者将无法利用他们的信息赚取回报。

我们已经证明，如果有效市场假设是正确的并且信息是有成本的，那么竞争性市场将会瓦解，因为当 $\sigma_\varepsilon^2=0$ 或 $\mathrm{Var}\ x^*=0$ 时，w_λ 和由此决定的价格无法反映所有信息。当发生这种情况时，身处竞争性市场的拥有信息者就会感觉到他应该与无信息者采取相同的策略，即不再花费成本去获取信息，且所有的信息拥有者都会有相同的认识。这样，信息拥有者所占的比例为正的状态都不是均衡。同理，所有人都是无信息者时也不是一个均衡，因为每个交易者此时都将价格视为是给定的，那么，他们都会感到成为信息拥有者是有利可图的。

有效市场论者表面上看似乎认识到了信息无成本是价格能够完全反映可利用信息的一个充分条件（参见法马，第 387 页），但他们没有意识到这同样是一个必要条件。由于价格体系和竞争性市场只有在信息有成本时才显得重要，所以，这只不过是个归谬法罢了(参见弗里德里克·哈耶克,第 452 页)。

我们并非蓄意破坏"有效市场"的定义,而是试图重新定义它。我们已经证明了当信息十分便宜时,或者当信息拥有者获得了非常精确的信息时存在均衡,且市场价格显示了绝大部分信息拥有者的信息。但是,在第 3 节讨论中我们曾讨论过这样的市场是十分贫瘠的,因为交易者有近乎相同的信念。

正如格罗斯曼(1975、1977)证明的那样,只要交易者有不同的信念,无论何时都不会存在完全套购,而是存在一个创造市场的动机(格罗斯曼(1977)分析了一种可储存的商品,因为噪声的存在使该种商品即期价格并不能反映所有的信息。因此,交易者继续对该商品的预期价格持有不同的信念,这就导致了期货市场的出现。但是,无信息者随后便面临着两个向他们传递信息的价格水平,从而排除了噪声)。然而,由信息成本差异和价格体系灵敏程度决定的交易者信念的差异原本就是内生的,而市场的创造却排除了这些使市场得以产生的信念差异性,因而最终使市场消失。在传统均衡分析的假定下,即市场的创造不需要成本,均衡将永远不会存在。例如,如果在我们的模型中引入另一种资产,令该资产满足条件

$$z=\begin{cases}1 & \text{如果} \quad u>E\theta^{*} \\ 0 & \text{如果} \quad u\leqslant E\theta^{*}\end{cases}$$

那么,拥有信息者对资产的需求 y 将取决于它的价格,即 q 取决于 p 和 θ,而无信息者的需求只取决于 q 和 p:

$$\lambda y_{I}(q,p,\theta)+(1-\lambda)y_{u}(q,p)=0$$

这是供求相等的条件(供给在资产不存在瑕疵时为 0)。在稍弱一

些的假设下，q 和 p 可以传递所有关于 θ 的信息，因而市场将是“缺乏噪声”的，并且不存在均衡。因此，我们所能论证的是，一旦允许信息稍有不完备和信息需要很小的成本，那么，传统的完备资本市场论将是站不住脚的。证券的数量不可能是无限多的，如果真是这样的话，将不存在竞争性均衡。

仅仅是因为交易有成本及由此导致的有限市场数量，才使得竞争性均衡可以成立。

我们已经论证信息成本使价格无法完备地反映可利用的信息，这样，那些花费成本去获取信息的交易者就不能得到应有的补偿。市场能够有效地传播信息和获得信息的动机本身就是矛盾的。我们在文中没有论及信息的社会价值问题，也没有论及“有效信息市场”的存在对社会来讲是否是最优的问题。我们希望在今后的研究中能够说明均衡资源配置的福利特征。

附录 1

在此，我们集中给出文中出现的条件期望。如果 X^* 和 Y^* 服从联合正态分布，那么

$$E[X^*|Y^*=Y]=EX^*+\frac{\mathrm{Cov}(X^*,Y^*)}{\mathrm{Var}(Y^*)}\{Y-EY^*\} \quad \text{(A1)}$$

$$\mathrm{Var}[X^*|Y^*=Y]=\mathrm{Var}(X^*)-\frac{[\mathrm{Cov}(X^*,Y^*)]^2}{\mathrm{Var}(Y^*)} \quad \text{(A2)}$$

（参见保罗·赫尔，第 200 页）。从（A1）式可以看出，$E[X^*|Y^*]$ 是 Y 的函数。如果（A1）式两端的期望成立，那么，我们可得

$$E\{E[X^* | Y^* = Y]\} = EX^* \tag{A3}$$

注意，$\mathrm{Var}[X^* | Y^* = Y]$不是 Y 的一个函数，因为 $\mathrm{Var}(X^*)$、$\mathrm{Cov}(X^*, Y^*)$和 $\mathrm{Var}[Y^*]$是 X^* 和 Y^* 的联合分布的参数。

条件期望的另外两个相关性质是

$$E\{E[Y^* | F(X^*)] | X^*\} = E[Y^* | F(X^*)] \tag{A4}$$

$$E\{E[Y^* | X] | F(X^*)\} = E[Y^* | F(X^*)] \tag{A5}$$

这里，$F(\cdot)$是定义在 X^* 范围内的一个给定函数（参见罗伯特·阿什，第 260 页）。

附录 2

定理 1 的证明：

1）假定 $\lambda=0$，(9)式则变成

$$X_U(P_0(\theta, x), P_0^*) = x \tag{A6}$$

定义

$$P_0(\theta, x) \equiv \frac{E\theta^* - ax\sigma_u^2}{R} \tag{A7}$$

其中，σ_u^2是 u 的方差。注意，在 x^* 与 u^* 不相关时，$P_0(\theta^*, x^*)$与 u^* 不相关，因此

$$E[u^* | P_0^* = P_0(\theta, x)] = Eu^* = E\theta^* \tag{A8}$$

且 $$\mathrm{Var}[u^* | P_0^* = P_0(\theta, x)] = \mathrm{Var}[u^*]$$

将(A8)式代入(8)式，得

$$X_U(P_0^*, P_0(\theta, x)) = \frac{E\theta^* - RP_0(\theta, x)}{a\mathrm{Var}\ u} \tag{A9}$$

将(A7)式代入(A9)式的右边可得 $X_U(P_0^*(\theta,x),P_0^*)=x$。

2)假定 $0<\lambda\leqslant 1$,有:

$$P_\lambda(\theta,x)=\frac{\dfrac{\lambda w_\lambda}{a\sigma_\varepsilon^2}+\dfrac{(1-\lambda)E[u^*\mid w_\lambda]}{a\mathrm{Var}[u^*\mid w_\lambda]}-Ex^*}{R\left[\dfrac{\lambda}{a\sigma_\varepsilon^2}+\dfrac{(1-\lambda)}{a\mathrm{Var}[u^*\mid w_\lambda]}\right]} \tag{A10}$$

由(1)、(10)、(A1)和(A2)式得:

$$E(u^*\mid w_\lambda)=E\theta^*+\frac{\sigma_\theta^2}{\mathrm{Var}\ w_\lambda}(w_\lambda-E\theta^*) \tag{A11a}$$

$$\mathrm{Var}(u^*\mid w_\lambda)=\sigma_\theta^2+\sigma_\varepsilon^2-\frac{\sigma_\theta^2}{\mathrm{Var}\ w_\lambda} \tag{A11b}$$

$$\mathrm{Var}w_\lambda=\sigma_\theta^2+(\frac{a\sigma_\varepsilon^2}{\lambda})^2\mathrm{Var}\ x^* \tag{A11c}$$

由于 $P_\lambda(\theta,x)$ 是 w_λ 的线性函数,即可得 $E(u^*\mid w_\lambda)\equiv E(u^*\mid P_\lambda)$,$\mathrm{Var}(u^*\mid w_\lambda)=\mathrm{Var}(u^*\mid P_\lambda)$。为了证明 P^* 是均衡的价格水平,必须证明下面的等式在由(A10)式定义的 $P_\lambda(\cdot)$ 是 (θ,x) 的恒等式时成立:

$$\lambda\cdot\frac{\theta-RP_\lambda}{a\sigma_\varepsilon^2}+(1-\lambda)\frac{E[u^*\mid w_\lambda]-RP_\lambda}{a\mathrm{Var}[u^*\mid w_\lambda]}=x \tag{A12}$$

由(10)式即可得(A12)式是关于 θ 和 x 的恒等式。

定理 2 的证明:

1)信息拥有者期望效用的计算。在此用到了 W_{Ii}^λ 服从以 $(\bar{X}_i,\theta,x)$ 为条件的正态分布:

$$\begin{aligned}&E[V(W_{Ii}^\lambda)\mid\bar{X}_i,\theta,x]\\&=\exp\left[-a\left\{E[W_{Ii}^\lambda\mid\bar{X}_i,\theta,x]-\frac{a}{2}\mathrm{Var}[W_{Ii}^\lambda\mid\bar{X}_i,\theta,x]\right\}\right]\end{aligned} \tag{A13}$$

利用(8)和(12)式,及(θ,x)能够确定一个特定P的事实可得:

$$E[W_{1i}^{\lambda}\mid\bar{X}_i,\theta,x]=R(W_{0i}-c)+\frac{(E[u^*\mid\theta]-RP_{\lambda})^2}{\alpha\sigma_{\varepsilon}^2} \tag{A14a}$$

$$\mathrm{Var}[W_{1i}^{\lambda}\mid\bar{X}_i,\theta,x]=\frac{(E[u^*\mid\theta]-RP_{\lambda})^2}{a^2\sigma_{\varepsilon}^2} \tag{A14b}$$

将(A14)式代入(A13)式得

$$E[V(W_{1i}^{\lambda})\mid\bar{X}_i,\theta,x]$$

$$=-\exp\left[-aR(W_{0i}-c)-\frac{1}{2\sigma_{\varepsilon}^2}(E[u^*\mid\theta]-RP_{\lambda})^2\right] \tag{A15}$$

注意,当$P_{\lambda}^*(\cdot)=P_{\lambda}(\theta,x)$时,

$$E(E[V(W_{1i}^{\lambda})\mid\bar{X}_i,\theta,x]\mid P_{\lambda},\bar{X}_i)=E[V(W_{1i}^{\lambda})\mid P_{\lambda},\bar{X}_i] \tag{A16}$$

(参见(A5)式)。注意,因为W_{0i}是以$(P_{\lambda},\bar{X}_i)$为条件的非随机变量,故由(A15)式可得

$$E[V(W_{1i}^{\lambda})\mid P_{\lambda},\bar{X}_i]=-\exp[-aR(W_{0i}^{\lambda}-c)]\cdot$$
$$E\left[\left\{\exp\left[-\frac{1}{2\sigma_{\varepsilon}^2}(E[u\mid\theta]-RP_{\lambda})^2\right]\right\}\middle| P_{\lambda},\bar{X}_i\right] \tag{A17}$$

根据定理1,以w_{λ}^*为条件等价于以P_{λ}^*为条件。定义

$$h_{\lambda}\equiv\mathrm{Var}(E[u^*\mid\theta]\mid w_{\lambda})=\mathrm{Var}(\theta\mid w_{\lambda}),h_o\equiv\sigma_{\varepsilon}^2\equiv h \tag{A18}$$

$$Z\equiv\frac{E[u^*\mid\theta]-RP_{\lambda}}{\sqrt{h_{\lambda}}} \tag{A19}$$

根据(3)和(A18)式,(A17)式可写为

$$E[V(W_{1i}^{\lambda})\mid P_{\lambda},\bar{X}_i]=e^{ac}V(RW_{0i})E\left[\exp\left[-\frac{h_{\lambda}}{2\sigma_{\varepsilon}^2}Z^2\right]\middle| w_{\lambda}\right] \tag{A20}$$

由于$\bar{X}_i$和w_{λ}是独立的。以w_{λ}为条件,P_{λ}是非随机的,$E[u^*\mid\theta]$是正态的。因此,以w_{λ}为条件,$(Z^*)^2$具有非中心化的卡方分布(见C.拉奥,第181页)。这样,对于$t>0$,$(Z^*)^2$的矩生

成函数可以写成

$$E[e^{-tZ^2}|w_\lambda]=\frac{1}{\sqrt{1+2t}}\exp\left[\frac{-(E[Z|w_\lambda])^2t}{1+2t}\right] \quad (A21)$$

注意，$E[u^*|\theta]=E[u^*|\theta,x]$，故

$$E[E[u^*|\theta]|w_\lambda]=E[u^*|w_\lambda]=E\theta^*+\frac{\sigma_\theta^2}{\mathrm{Var}w_\lambda}(w_\lambda-E\theta^*) \quad (A22)$$

由于 w_λ 是(θ,x)的函数，因此

$$E[Z^*|w_\lambda]=\frac{E[u^*|w_\lambda]-RP_\lambda}{\sqrt{h_\lambda}} \quad (A23)$$

因为 $u=\theta+\varepsilon$

$$\mathrm{Var}(u^*|w_\lambda)=\sigma_\varepsilon^2+\mathrm{Var}(\theta^*|w_\lambda)=\sigma_\varepsilon^2+h_\lambda \quad (A24)$$

(x^*,ε^*,u^*)为非退化的假设隐含着 $h_\lambda>0$，这样，在 $t=\frac{h_\lambda}{2\sigma_\varepsilon^2}$ 时，可用(A23)和(A24)式来估算(A21)式：

$$E\left[\exp\left[-\frac{h_\lambda}{2\sigma_\varepsilon^2}Z^2\right]|w_\lambda\right]=\sqrt{\frac{\mathrm{Var}(u^*|\theta)}{\mathrm{Var}(u^*|w_\lambda)}}\cdot \exp\left(\frac{-(E(u^*|w_\lambda)-RP_\lambda)^2}{2\mathrm{Var}(u^*|w_\lambda)}\right) \quad (A25)$$

这样，我们就可以估算(A20) 式。

2)计算无信息者的期望效用。可利用(8)、(5)式，及 W_{Ui}^λ 以 w_λ 为条件的正态性来进行计算，计算方法与(A13)式至(A25)式相近。有

$$E[V(W_{Ui}^\lambda)|w_\lambda,\bar{X}_i] =V(RW_{0i})\exp\left(\frac{-(E(u^*|w_\lambda)-RP_\lambda)^2}{2\mathrm{Var}(u^*|w_\lambda)}\right) \quad (A26)$$

因此

$$E[V(W_{Ii}^{\lambda})|w_{\lambda},\bar{X}_i]-E[V(W_{Ui}^{\lambda})|w_{\lambda},\bar{X}_i]$$

$$=\left[e^{ac}\sqrt{\frac{\mathrm{Var}(u^*|\theta)}{\mathrm{Var}(u^*|w_{\lambda})}}-1\right]\times E[V(W_{Ui}^{\lambda})|w_{\lambda},\bar{X}_i] \quad \text{(A27)}$$

对(A27)式两边取期望得：

$$E[V(W_{Ii}^{\lambda})]-E[V(W_{Ui}^{\lambda})]$$

$$=\left[e^{ac}\sqrt{\frac{\mathrm{Var}(u^*|\theta)}{\mathrm{Var}(u^*|w_{\lambda})}}-1\right]EV(W_{Ui}^{\lambda}) \quad \text{(A28)}$$

从(A28)式即可得(13)式。

参 考 文 献

Robert B. Ash, *Real Analysis and Probability*, New York 1972.

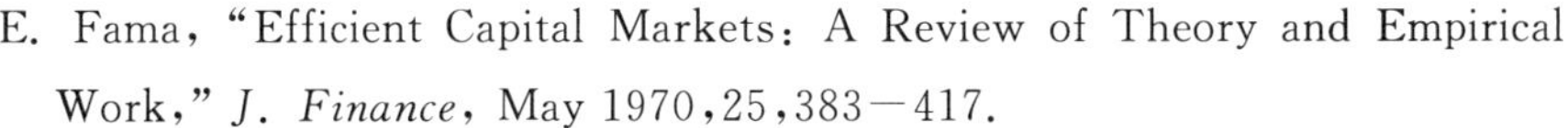

E. Fama, "Efficient Capital Markets: A Review of Theory and Empirical Work," *J. Finance*, May 1970, 25, 383—417.

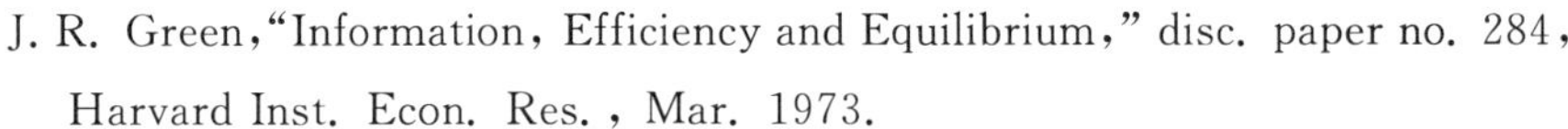

J. R. Green, "Information, Efficiency and Equilibrium," disc. paper no. 284, Harvard Inst. Econ. Res., Mar. 1973.

—, "The Non-Existence of Informational Equilibrium," *Rev. Econ. Stud.*, Oct. 1977, 44, 451—464.

S. Grossman, "Essays on Rational Expectations," unpublished doctoral dissertation, Univ. Chicago 1975.

—, "On the Efficiency of Competitive Stock Markets Where Traders Have Diverse Information," *J. Finance*, May 1976, 31, 573—585.

—, "The Existence of Futures Markets, Noisy Rational Expectations and Informational Externalities," *Rev. Econ. Stud.*, Oct. 1977, 64, 431—449.

—, "Further Results on the Informational Efficiency of Competitive Stock Markets," *J. Econ. Theory*, June 1978, 18, 81—101.

—, R. Kihlstrom, and L. Mirman, "A Bayesian Approach to the Production of Information and Learning by Doing," *Rev. Econ. Stud.*, Oct. 1977,

64,533—547.

F. H. Hayek, "The Use of Knowledge in Society," Amer. *Econ. Rev.*, Sept. 1945,35,519—530.

Paul G. Hoel, *Introduction to Mathematical Statistics*, New York 1962.

R. Kihlstrom and L. Mirman, "Information and Market Equilibrium," *Bell. J. Econ.*, Spring 1975,6,357—376.

R. E. Lucas, Jr., "Expectations and the Neutrality of Money," *J. Econ. Theory*, Apr. 1972,4,103—124.

C. Rao, *Linear Statistical Inference and Its Applications*, New York 1965.

J. E. Stiglitz, "Perfect and Imperfect Capital Markets," paper presented to the Econometric Society, New Orleans 1971.

—, "Information and Capital Markets," mimeo., Oxford Univ. 1974.

英汉术语对照表

A

acturial value　实际价值
admission procedure　录取程序
adverse incentive　逆向激励
adverse selection　逆向选择
aggregator　收集器
　price as ～　作为信息收集者的价格
allocative efficiency　配置效率、分配效率
arbitrage　套购
　intertemporal ～　暂时的套购行为
arbitrage profit　套利
arbitrageur　套利者
Arrow-Debreu approach　阿罗-德布鲁方法
asset　资产
　risky ～　风险资产
　safe ～　安全资产
　risk free ～　无风险资产
asymmetry　不对称
average "riskness"　平均"风险程度"

B

bankruptcy cost　破产成本
belief　信念、推断
　employer's ～　雇主的信念、推断
　initial ～　初始信念，最初的信念
benefit　收益、利益
　relative ～　相对收益
break even　盈亏平衡
break even constraint　盈亏平衡约束
break even financial expectation　盈亏平衡的财务预期

C

car　汽车
　good ～　高质量车
　bad ～　低质量车
　used ～　旧车、二手车
cetreris paribus　假定其他情况均不变
classical conundrum　古典难题
collateral　抵押品、担保品
　～ requirement　担保要求
collusive behavior　串谋行为
commodity storage　商品存量
comparative advantage　比较优势
comparative static　比较静态
competition　竞争
　perfect ～　完全竞争
　price ～　价格竞争
　quantity ～　数量竞争
competitive analysis　竞争性分析
competitive equilibrium　竞争性均衡
competitive economy　竞争性经济
concentration of power　集权
conjecture　推测

contract　合同
　contingency ～　带有不确定性的合同
　fixed-fee ～　固定费用合同
　pooling ～　混同合同
　separate ～　分离合同
contract period　合同期
continuity　连续性
correlation coefficient　相关系数
cost　成本
　education ～　教育成本
　marginal ～　边际成本
　operating ～　运行成本
　～ of communication　沟通成本
　～ of information　信息成本
cost-benefit analysis　成本效益分析
counterexample　反例
Cournot-Nash type　古诺-纳什类型
coverage　赔偿金
credit rationing　信贷配给
credit risk　信贷风险
critical value　临界值
curve　曲线
　demand ～　需求曲线
　indifference ～　无差异曲线
　supply ～　供给曲线

D

deadweight loss　死角损失
debt-equity ratio　资产负债率
decision　决策
　individual optimizing ～　个人最优化决策
　investment ～　投资决策
decision theory　决策理论
deficiency　不足
demand　需求
　excess ～　超额需求
　individuals'～　个人需求
　total ～　总需求
disequilibrium　失衡
　long-term ～　长期失衡
　short-term ～　短期失衡
　unspecified ～　非特定失衡
distribution　分布
　conditional ～　条件分布
　continuous ～　连续分布
　empirical ～　经验分布
　equilibrium price ～　均衡价格分布
　multivariate normal ～　多元正态分布
　nondegenerate joint normal ～　非退化的联合正态分布
　subjective ～　主观分布
disutility　负效用
　marginal ～　边际负效用
dividend　股息
dynamic context　动态环境

E

economic costs of dishonesty　欺骗性交易的经济成本
efficient market hypothesis　“有效市场”假设
empirical test　经验性检验
endowment　禀赋
　individual's ～　个人禀赋
　market ～　市场禀赋
equilibrium　均衡
　informationally consistent ～　信息一致性均衡
　local ～　局部均衡
　lower level ～ trap　低水平均衡陷阱
　overall ～　总的均衡
　pooling ～　混同均衡
　“price-taking”～　“价格占主导的均衡”
　separating ～　分离均衡

statistical ～ 统计均衡
equilibria 等式、均衡
informational ～ 信息等式
multiple ～ 多重均衡
equity 净资产
expected ～ 期望效用
ex post 事后，既定的
external economics 外部性经济
external impact 外部影响
externality 外部性
informational ～ 信息的外部性

F

fair-odds line 等期望利润线
feedback system 反馈系统
finance 融资
debt ～ 债务融资
equity ～ 股本融资
fixed point property 不动点性质
free entry 自由进入
function 函数
demand ～ 需求函数
density ～ 密度函数
linear ～ 线性函数
future purchase 未来消费

G

general methodology 一般方法论
general principle 一般性原则
Gresham's law 格莱辛法则
good 货物、商品
brand-name ～ 名牌商品
governmental intervention 政府干预

H

heterogeneity of quality 质量差异
honest dealing 诚实交易
house ownership 房产权，房屋所有权

I

incentive mechanism 激励机制
incentive effect 激励效应
income taxation 收入税
index 指标
indicator 显示器
individual 个人
high-risk ～ 高风险个人
informed ～ 拥有信息者
low-risk ～ 低风险个人
low wealth-low risk ～ 低财富—低风险个人
marginal ～ 边际个人
uninformed ～ 无信息者
individual characteristic 个体特征
indivisibility 不可整除性
inefficiency of separating equilibrium 分离均衡无效性
information 信息
asymmetrical ～ 非对称信息
available ～ 可利用信息
costless ～ 无成本信息
differential ～ 信息差异
good ～ 充分信息
imperfect ～ 不完备信息
perfect ～ 完备信息
symmetric ～ 对称信息
information-acquisition 信息获得
information efficiency 信息效率
information feedback 信息反馈
informational gap 信息缺陷
information-monopolist 信息垄断者
information structure 信息结构
information transfer 信息传递
informationally efficient market 信息有

效市场
informativeness　灵敏程度
initial wealth　初始财富
insurability　保险可行性
insurance　保险
　medical ～　医疗保险
　health ～　健康保险
　partial ～　部分保险
insurance contract　保险合同
　optimal ～　最优保险合同
insurance mechanism　保险机制
insurance policy　保险单
insurance purchaser　保险购买者
insurance scheme　保险方案
　optimal ～　最有保险方案
integral constraint　整体约束
interaction of signals and indices　信号和指标的相互作用
interest　利息
　market rate of ～　市场利率
　prime ～ rate　优惠贷款利率
　reservation ～ rate　保留的利率水平
　～rate　利率

J

job applicant　求职者
job capability　工作能力
job market　劳动力市场
job search and recruiting　求职和招聘

K

Kuhn-Tucker technique　库恩-塔克方法

L

law of supply and demand　供求规律
Lange-Lerner-Taylor-Hayek debate　兰格-勒纳-泰勒-哈耶克之争
lemon　柠檬(在美国俚语中,低质量的车被称作“柠檬”)
lemons model　柠檬模型
lemons principle　柠檬原则
loan market　借款市场
loanabale fund　可贷资金
loss of efficiency　效率损失
lottery　彩票

M

manage agency　代管公司
manufacturing plant　制造厂
marginal distribution　边际贡献
marginal efficiency condition　边际效率条件
marginal product　边际产品
　expected ～　期望的边际产品
　real ～　真实边际产品
marginal value of information　信息的边际价值
market　市场
　capital ～　资本市场
　competitive ～　竞争性市场
　credit ～　信贷市场
　efficient capital ～　有效资本市场
　future ～　期货市场
　insurance ～　保险市场
　stock ～　股票市场
market breakdown　市场瓦解
market basket　市场篮子
market behavior　市场行为
market clearing level　市场出清水平
market response mechanism　市场反馈机制
market thinness　市场贫瘠
maximizing action　最大化行为
mean-preserving spread　均值不变分布

minimum legislation　最低工资法案
monopoly　垄断
monotonicity property　单调性
models of educational screening and signaling　教育信号甄别和传递模型
monetarist　货币主义者
monetary equivalent　货币等价物
money-lender　放贷者
monetary policy　货币政策
monetary return　货币收益
monitoring capability　控制能力
moral hazard　道德风险
multiperiod model　多时期模型
mutual company　互助公司

N

Nash equilibrium　纳什均衡
net worth　资本净值
no-individual-choice case　个人无选择的情况
noise　噪声
noisy rational expectation　不完全合理预期
nontransitory configuration　长期结构
n-tuples　n维向量

O

oligoply　寡头垄断
optimal level　最优水平
optimal resource allocation　最优资源配置
organization　组织
　centralized ～　集权性组织
　decentralized ～　分权性组织
outside investor　外部投资者
original estimate　初始估计

P

paradox　矛盾、反论
parameter　变量
　exogenous ～　外生变量
Pareto inferior signaling equilibria　帕累托次优的信号发送均衡
Pareto optimal allocation　帕累托最优配置
pattern of income　收入结构
perfectly arbitraged　完全套购
perturbations around a pooling point　混同均衡点附近的波动
point prediction　点预测
policy　保险单
　health ～　健康保险的保单
policy holder　保单持有者
portfolio separation theory　证券分散投资理论
portfolio allocation　投资组合
positive selection effect　正向选择效应
precondition　先决条件
premium　保险费
　effective ～　有效保费
price　价格
　buying ～　买入价
　current ～　现价
　clearing ～　出清价格
　equilibrium ～　均衡价格
　equilibrium market ～　市场均衡价格
　future spot ～　期货现价
　given ～　给定的价格
　selling ～　卖出价
　spot ～　现价、即期价格
price system　价格体系
price taker　价格接受者
principal-agent problem　委托代理问题

Prisoner's Dilemma　囚犯难题、囚徒困境
probabilistic estimate　概率估计
probability　概率
　accident ～　出事概率
probability distribution of supply　供给的概率分布
probability of repayment　还款可能性
productive capability　生产能力
profit maximization　利润最大化

Q

quality control　质量控制
quality variation　质量差异
quasi-concave　拟凹的

R

random shock　随机波动
random variable　随机变量
rational expectation　理性预期、合理预期
rational decision　理智决策
rationality　合理性
recontracting　重新制定合同
reductio ad absurdum　归谬法
relationship　关系
　landlord-tenant ～　地主—佃农关系
　employer-employee ～　雇主—雇员关系
restriction　限制
revenue sharing arrangement　收入分享安排
risk aversion　风险厌恶
　constant absolute ～　不变的完全厌恶风险
risk-neutral　风险中性的
risk spreading　风险分散
risk-spreading capability　风险分散能力
robustness　普适性

S

scalar quantity　标量
screening device　甄别措施
screening process　甄别过程
second-best　次优
self-confirming　自我肯定，自我确认
self-finance　内部筹款
self-selection mechanism　自我选择机制
sharecropping　租佃制
share-holder　股东
shock　冲击
　exogenous ～　外生冲击
signal　信号
　noisy ～　噪声信号
　potential ～　潜在信号
　perfect ～　完备信号
signal configuration　信号结构
sigaler　信号发送者
　primary ～　初始信号发送者
signaling　信号发送
　job market ～　劳动力市场信号发送
signaling cost　信号发送成本
signaling decision　信号发送决策
signaling equilibrium　信号发送均衡
signaling power　信号发送能力
signaling reputation　信号发送声誉
signaling strategy　信号发送策略
speculation　投机
state of information　信息状态
stochastic element　随机因素
stochastic process　随机过程
storage capability　存储能力
subjective assessment　主观评价
subsidy　补贴
　optimal ～　最优补贴

sufficient condition　充分条件
supply　供给
　aggregate ～　总供给
　excess ～　超额供给

T

trade　交易
　amount of ～　交易量
　volume of ～　交易规模
trading venture　贸易公司
traditional pattern　传统模式
transfer of information　信息传递

U

unbiasedness　无偏估计
uncertainty　不确定性
unemployment　失业
utility　效用
　expected ～　预期效用
　linear ～　线性效用
　logarithmic ～　对数型效用
　marginal ～　边际效用
utility function　效用函数
utility theory　效用理论

V

variable　变量
　endogenous ～　内生变量
variation　变化
　random ～　随机变化
vicious cycle　恶性循环
Von Neumann-Morgenstern property　冯·诺依曼-摩根斯坦效用函数性质

W

wage　工资
　offered ～　给定的工资
　offered ～ schedule　给定工资表
well-articulated role　重要角色、重要作用
welfare economics　福利经济学
welfare property　福利特征(性质)
work potential　工作潜力

Z

zero expected profit　零期望利润
zero-profit condition　零利润条件

英汉人名对照表

Akerlof, George A.　阿克洛夫,乔治·A.
Arrow, Kenneth J.　阿罗,肯尼思·J.
Ash, Robert　阿什,罗伯特
Borch　博尔奇
Diamond, Peter　戴蒙德,彼得
Fama, Eugene　法马,尤金
Freimer, Marshall　弗赖姆,马歇尔
Gordon, Myron　戈登,迈伦
Green, Jerry. R　格林,杰里
Greenwald, Bruce　格林沃尔德,布鲁斯
Guasch, J. L.　冈瑟,J. L.
Hahn, Frank　汉恩,弗朗克
Hayek, Friedrich A.　哈耶克,弗里德里希·A.
Hirshleifer, Jack　赫什雷弗,杰克
Hoel, Paul　赫尔,保罗
Jaffee, Dwight　贾菲,德怀特
Karunaratne, Neil D.　卡卢纳尔顿,尼尔·D.
Keeton, W.　基顿,W.
Keynes, John M.　凯恩斯,约翰·M.
Kihlstrom, Richard　凯尔斯托姆,理查德
King, D. W.　金,D. W.
Landau, Henry　兰多,亨利
Marschak, Jacob　马尔萨克,雅各布
Mirman, Leonard　米尔曼,伦纳德
Mirrlees, James A.　莫里斯,詹姆斯·A.
Myrdal　梅尔达
Ordover, Janusz　奥道弗,贾纳斯
Porter, Rob　波特,罗布
Postlewaite, Andy　波斯尔思韦特,安迪
Radner, Roy　拉德纳,罗伊
Rao, C. C.　拉奥
Revesz　雷维兹
Riley, John G.　赖利,约翰·G.
Rothschild, A. Michael　罗斯查尔德,A.迈克尔
Russell, Thomas　拉塞尔,托马斯
Salop, Steve　史蒂夫,萨洛普
Schultz, T. W.　舒尔茨,T. W.
Shavell, Steven　谢威尔,史蒂文
Spence, Michael　斯彭斯,迈克尔
Stigler, George　斯蒂格勒,乔治
Stiglitz, Joseph E.　斯蒂格利茨,约瑟夫·E.
Tucker, Kuhn　塔克,库恩
Vickrey, William S.　维克里,威廉·S.
Walrasian　沃尔拉森
Weiss, Andrew　温斯,安德鲁
Westhoff, F.　韦斯特霍夫,F.
Wilson, Charles　威尔逊,查尔斯
Zeckhauser, Richard　泽克豪瑟,理查德

编 后 记

随着中国加入世界贸易组织，中国市场经济的发展需要不断吸收和借鉴发达国家市场经济的成功经验，也要不断研究和重视发达国家中市场失灵的现象。按照信息经济学理论，信息的成本与非对称性往往是造成市场失灵的主要原因之一，同时，也成了政府干预市场的主要理由之一。可以说，非对称信息理论是关于市场经济中信息的成本与非对称性如何影响个人和厂商的经济行为的理论，它不仅揭示了市场经济运行中的一次信息市场的规律——阿克洛夫提出的柠檬市场原则，而且提示了市场经济中的二次信息市场的规律——斯彭斯提出的信号传递原则、罗斯查尔德和斯蒂格利茨提出的信息甄别原则。在这本集子中，格罗斯曼和斯蒂格利茨的论文还揭示了价格体系如何配置社会资源的信息市场机制，较为清晰地对价格体系如何传递信息，如何影响市场参加者的决策进行了描述和分析，从中还可引发出中央计划经济与市场经济之间信息市场效率的差异性的讨论。他们论证了信息成本使价格体系无法完备地反映可利用的信息，分散的市场经济制度与集中的计划经济制度都存在不完备性。

长期以来，我们希望有机会能够将国外理论信息经济学或微观信息经济学的经典论文在国内翻译结集出版，促进信息经济学

在国内的发展，2001 年诺贝尔经济学奖颁发给三位信息经济学家为我们的这个愿望提供了一个契机。中国信息经济学会、中山大学信息经济与政策研究中心也有计划进一步精选部分经典的信息经济学著作和论文翻译结集出版，如斯彭斯的《市场信号：雇佣及相关甄别过程中的信息传递》(1973)、马克卢普的《美国的知识生产与分配》(1961)以及阿罗、斯蒂格勒、格罗斯曼、罗斯查尔德、赫什雷弗、赖利和拉德纳等的著作或论文。

我们在此非常感谢阿克洛夫、斯彭斯和斯蒂格利茨三位教授授权将他们的这些经典性文献翻译成中文并结集出版，十分感谢诺贝尔奖基金会的授权，以及美国《经济学季刊杂志》和《美国经济评论》杂志社的授权。感谢商务印书馆领导与责任编辑程秋珍同志对本书出版给予的热情支持和大力帮助。中山大学肖静华、赵刚、尹卫华、张永丽、苏燕、张莉等同志参与了论文的翻译和校勘工作。其中，赵刚和尹卫华同志为本书的出版付出了艰辛的努力，周先波副教授在数学翻译方面给予了帮助，留法博士、中山大学沈伟副教授及夫人 Isabelle Pouit SHEN 女士在法文翻译方面提供了支持，在此一并致谢。

由于翻译校勘工作时间短，在专业术语的规范性、译文可读性方面有待进一步改进，难免会有缺陷和不足甚至个别错误，敬请读者指正。我们的联系方式为：Lni01@zsu. edu. cn。联系电话为 020－84112372。

谢　康　乌家培

2002 年 4 月 28 日

图书在版编目(CIP)数据

阿克洛夫、斯彭斯和斯蒂格利茨论文精选/(美)乔治·阿克洛夫,(美)迈克尔·斯彭斯,(美)约瑟夫·斯蒂格利茨著;谢康,乌家培编.—北京:商务印书馆,2017
(汉译世界学术名著丛书:120年纪念版:珍藏本)
ISBN 978-7-100-14182-6

Ⅰ.①阿… Ⅱ.①乔… ②迈… ③约… ④谢… ⑤乌… Ⅲ.①信息经济学—文集 Ⅳ.①F062.5-53

中国版本图书馆CIP数据核字(2017)第137690号

汉译世界学术名著丛书
(120年纪念版·珍藏本)

阿克洛夫、斯彭斯和斯蒂格利茨
论 文 精 选

乔治·阿克洛夫
〔美〕迈克尔·斯彭斯 著
约瑟夫·斯蒂格利茨
谢 康 乌家培 编

商 务 印 书 馆 出 版
(北京王府井大街36号 邮政编码100710)
商 务 印 书 馆 发 行
南京爱德印刷有限公司印刷
ISBN 978-7-100-14182-6

2017年12月第1版 开本710×1000 1/16
2017年12月第1次印刷 印张13

定价:73.00元